죽으면 죽으리이다

죽으면 죽으리이다

이찬수

규장

/

우리의 도전이 희망이 된다

현실의 무게

최근에 나온 몇몇 통계 자료들은 우리나라의 현실을 그대로 보여준다. '2014년도 생명보험 통계자료'에 따르면 2011년부터 2013년 사이에 우리나라 10대, 20대, 30대의 사망 원인 1위가 모두 자살이었다. 충격적인 자료였다. 더 가슴 아픈 것은 10년 전인 2002년에는 사망 원인 1위가 모두 교통사고였다는데, 도대체 지난 10년 사이에 무슨 일이 일어났기에 이렇게 된 것일까?

통계가 말해주듯 현실은 참 어렵고 막막하다. 지속되는 경기 침체로 취업은 점점 어려워져 2014년을 기준으로 대학 졸업자의 54.8퍼센트만 취업에 성공했다. 다시 말해 대학을 졸업해도 2명 중 1명은 일자리를 구하지 못하는 현실이다.

이런 삶의 무거움은 젊은 세대만의 일이 아니다. 외환위기 이후 은퇴 연령이 낮아지면서 40대 이후의 기성세대의 고민도 한층 깊어졌다. 자녀 교육과 내 집 마련, 부모 봉양 등 짊어져야 할 삶의 현실은 여전한데, 은퇴에 대한 압박감은 점점 심해지니 그 부담감이 어떻겠는가?

희망이 희망이다

우연히 서울대 심리학과의 최인철 교수가 쓴 칼럼을 읽게 되었다. '희망: 인생 최고의 히든카드'라는 제목의 칼럼이었다. 칼럼에서 미국 존스홉킨스 대학에서 진행된 실험 하나를 소개했다.

1957년 미국 존스홉킨스 대학에서 다소 잔인한 실험이 진행됐다. 연구 책임자였던 존 리히터 교수는 길고 투명한 실험용 유리병에 실험용 쥐 한 마리를 넣고 그 안에 천천히 물을 붓기 시작했다. 미끄러운 유리병 안에 갇힌 쥐 입장에서는 꼼짝할 수 없는 절망적인 상황에 빠진 것이다. 물이 점점 차올라서 헤엄을 쳐야만 하는 두려운 상황에 이르렀을 때 쥐가 얼마나 오랫동안 버티고 견뎌내는지 관찰하는 것이 실험의 목적이었다.

여러 마리의 쥐를 가지고 실험을 한 결과, 놀랍게도 어떤 쥐는 60시간이나 버텼지만 어떤 쥐는 15분 만에 포기하고 말았다. 똑같은 상황과 환경에 노출된 쥐들이었지만 결과는 너무나 달랐다. 최인철 교수는 칼럼에서 이런 질문을 던졌다.

"왜 어떤 쥐는 무려 60시간씩이나 사투를 벌였던 것일까? 타고난 체력 말고 다른 이유는 없었을까? 혹시 삶의 의지 같은 것이 작동하고 있었던 건 아닐까?"

연구팀 역시 이를 확인해보기 위해 다른 쥐들을 대상으로 변형된 실험을 했다. 쥐들이 헤엄을 치며 안간힘을 쓰는 그 마지막 절망의 순간에 쥐를 건져주는 절차를 몇 번 반복한 것이다. 포기하지 않으면 살아남을 수 있다는 희망을 심어주기 위한 절차였다.

그렇게 해서 희망을 갖게 된 쥐들에게 처음 했던 실험을 반복했더니, 놀랍게도 이번에는 모든 쥐들이 평균 60시간을 버텼다. 어떤 쥐도 15분 만에 포기하지 않았다. 원래부터 약했던 쥐들도 강한 쥐들에게 뒤지지 않는 저력을 보여주더라는 것이다.

존스홉킨스 대학에서 진행된 이 실험을 토대로 '희망이 가진 저력'에 대해 피력한 최 교수는 뒤에 이런 메시지를 덧붙였다.

"리히터 교수의 실험에서 배워야 할 또 다른 교훈은 희망은 주변의 누군가로부터 온다는 점이다. 누군가가 자신을 건져주었기 때문에 쥐는 희망을 갖게 되었다. 희망은 누군가의 도움과 격려로부터 생겨난다. 오늘 우리가 희망의 끈을 놓지 않고 있는 이유는, 언젠가 우리에게 손을 내밀어주었던 그 누군가 때문이다. 우리의 부모, 형제, 친구, 선생님이 바로 우리 희망의 끈에 날실과 씨실이 되어준 것이다."

희망의 전달자를 꿈꾼다

나는 이 글을 여러 차례 반복하여 읽었다. 이런저런 어려움으로 낙심하고 절망한 사람들이 너무나 많은 까닭이다. 과연 나는 이런 이웃들에게 어떤 '희망의 끈'이 되어줄 수 있을까?

내가 이 책 《죽으면 죽으리이다》를 출간하기로 한 것도 비슷한 이유에서다. 민족이 절망적인 위기를 만났을 때, 모르드개와 에스더는 그 민족에게 희망의 끈을 보여주었다. 아니, 그들 자체가 이스라엘 민족에게 희망 그 자체였다.

너무나 막막하고 어려운 현실 속, 극심한 경쟁 구도에 지쳐 있는 오늘 이 시대에 하나님의 사람들인 우리는 어떤 의미로 세상 가운데 서 있는가? 혼미한 이 시대에 우리가 희망의 끈이 되어주어야 한다. 포기하지 말라고, 다시 한번 도전해보자고 희망을 전해줄 수 있는 희망의 전달자가 되어주어야 한다.

그러기 위해서는 우리가 먼저 하나님이 베푸시는 희망의 끈을 붙잡아야 한다. 모르드개와 에스더가 그랬던 것처럼 말이다. 모르드개와 에스더는 그들 자신의 능력과 재간으로 위기를 극복했던 것이 아니다. 그들 역시 현실의 벽 앞에 막막해했고 두려워했다. 그러나 그들은 하나님의 희망의 끈을 붙잡았다. 간절히 부르짖었으며, 또 한 일어나 담대하게 도전했다.

이제 우리도 모르드개와 에스더가 경험했던 하나님의 은혜를 맛보게 해달라는 기도와 아울러 그 은혜를 누리고 있는 크리스천들이 낙심과 어려움 가운데 있는 이웃들을 향해 희망의 끈이 되어줄 수 있도록 기도해야 한다. 그리고 도전해야 한다. 우리의 도전이 그들에게 희망의 끈이 될 수 있도록 말이다.

최근에 우연히 라디오에서 노랫말 가사를 들으며 눈시울이 붉어진 적이 있다. 가수 루시드 폴(Lucid Fall)의 '오 사랑'이라는 노래였다. 그 노랫말 중의 한 대목이 내 마음에 꽂혔다.

가을은 저물고 겨울은 찾아들지만
나는 봄볕을 잊지 않으니

나는 간절히 기도한다. 어려운 겨울을 버티고 있는 많은 성도들이 마음 깊은 곳에서 하나님께서 제공해주실 봄볕을 잊지 말도록 말이다.

작년 가을 특별새벽부흥회, 그 새벽에 말씀을 사모하며 모여든 성도들의 열심과 눈물이 아직도 생생하다. 그리고 매일 새벽마다 그 눈물을 닦아주시던 '하나님의 열심'을 또한 기억한다. 그 은혜의 감동을 이 책에 담고자 애썼다. 그때 일하신 하나님께서 이 책을 통해서도 동일한 역사를 이루어주실 줄 믿는다.

이찬수

프롤로그

주님이 함께하시는 인생이어야 중심이 흔들리지 않는다. 하나님이 중심을 잡아주시기 때문이다. 삶의 중심축이 흔들리지 않으면 하나님이 나를 크게 쓰셔서 원이 커지더라도, 또 하나님이 내게 작은 분야를 맡기셔서 작은 원을 그리게 하실 때도 흔들리지 않는다. 늘 변함이 없다.

PART

1

혼미한 세상,
중 심 을
지 켜 라

에스더서 1장 1-12절

이 일은 아하수에로 왕 때에 있었던 일이니 아하수에로는 인도로부터 구스까지 백이십칠 지방을 다스리는 왕이라 당시에 아하수에로 왕이 수산 궁에서 즉위하고 왕위에 있은 지 제삼년에 그의 모든 지방관과 신하들을 위하여 잔치를 베푸니 바사와 메대의 장수와 각 지방의 귀족과 지방관들이 다 왕 앞에 있는지라 왕이 여러 날 곧 백팔십 일 동안에 그의 영화로운 나라의 부함과 위엄의 혁혁함을 나타내니라 이날이 지나매 왕이 또 도성 수산에 있는 귀천간의 백성을 위하여 왕궁 후원 뜰에서 칠 일 동안 잔치를 베풀새 백색, 녹색, 청색 휘장을 자색 가는 베 줄로 대리석 기둥 은고리에 매고 금과 은으로 만든 걸상을 화반석, 백석, 운모석, 흑석을 깐 땅에 진설하고 금 잔으로 마시게 하니 잔의 모양이 각기 다르고 왕이 풍부하였으므로 어주가 한이 없으며 마시는 것도 법도가 있어 사람으로 억지로 하지 않게 하니 이는 왕이 모든 궁내 관리에게 명령하여 각 사람이 마음대로 하게 함이더라 왕후 와스디도 아하수에로 왕궁에서 여인들을 위하여 잔치를 베푸니라 제칠일에 왕이 주흥이 일어나서 어전 내시 므후만과 비스다와 하르보나와 빅다와 아박다와 세달과 가르가스 일곱 사람을 명령하여 왕후 와스디를 청하여 왕후의 관을 정제하고 왕 앞으로 나아오게 하여 그의 아리따움을 뭇 백성과 지방관들에게 보이게 하라 하니 이는 왕후의 용모가 보기에 좋음이라 그러나 왕후 와스디는 내시가 전하는 왕명을 따르기를 싫어하니 왕이 진노하여 마음속이 불 붙는 듯하더라

자기과시의
종점

잔치, 잔치, 잔치

구약의 이스라엘 역사를 살펴보면, 남유다가 바벨론에게 망하면서 바벨론에 포로로 끌려가는 절망적인 역사를 경험한다. 그런데 그 이후에 페르시아의 고레스 왕이 바벨론을 무너뜨려 이스라엘 백성은 다시 페르시아의 손 안에 놓이게 된다. 그것이 포로로 끌려간 이스라엘 백성의 운명을 바꾸어놓게 되는데, 고레스 왕이 포로로 끌려온 이스라엘 백성들을 자기 나라로 돌려보내는 유화정책을 펼쳤기 때문이다. 그 덕분에 BC 537년경부터 제1차와 2차에 걸쳐 원하는 사람들은 조국 이스라엘로 돌아가는 기쁨을 누렸다.

에스더서는 바로 이즈음에 조국 이스라엘로 귀환하지 않고 페르시아에 남아 있던 사람들의 이야기로, 이방 나라인 페르시아의 수도 수산이란 곳을 배경으로 한다.

에스더서는 이렇게 시작한다.

이 일은 아하수에로 왕 때에 있었던 일이니 아하수에로는 인도로부터 구스까지 백이십칠 지방을 다스리는 왕이라 에 1:1

에스더서를 읽다보면 아주 독특한 한 가지를 발견할 수 있는데, 잔치가 많이 등장한다는 것이다. 시작부터 잔치 이야기이다.

당시에 아하수에로 왕이 수산 궁에서 즉위하고 왕위에 있은 지 제삼년에 그의 모든 지방관과 신하들을 위하여 잔치를 베푸니 바사와 메대의 장수와 각 지방의 귀족과 지방관들이 다 왕 앞에 있는지라 에 1:2,3

5절을 또 보자.

이날이 지나매 왕이 또 도성 수산에 있는 귀천간의 백성을 위하여 왕궁 후원 뜰에서 칠 일 동안 잔치를 베풀새 에 1:5

9절에서도 또 잔치가 벌어진다.

왕후 와스디도 아하수에로 왕궁에서 여인들을 위하여 잔치를 베푸니라 에 1:9

잔치 이야기가 정말 많이 나온다. 그러니 이런 질문을 갖지 않을 수 없다.

'무슨 잔치 이야기가 이렇게 많이 나오지? 그리고 잔치에 대해 왜 이렇게까지 자세하게 묘사했을까?'

사실은 이것 자체가 에스더서의 중요한 포인트이다. 에스더서는 '인간의 잔치'와 '하나님의 잔치'라는 대결 구도로 읽을 수 있다. 다시 말해 인간 왕이나 권력자들이 주관하는 '인간의 잔치'와 하나님께서 주관하시는 '하나님의 잔치'를 비교함으로 우리가 어떤 잔치를 추구해야 하는지를 판단하게 하는 성경이 에스더서인 것이다.

성경이 이방 왕인 아하수에로가 배설(排設)한 잔치를 이렇게까지 자세히 묘사하는 이유가 여기에 있다. 그 속에는 '하나님 없는 인생'의 특징이 담겨 있기 때문이다. 이런 차원에서 그 잔치를 잘 살펴봐야 한다. 그가 배설하는 잔치를 보면 몇 가지 특징이 있다. 나는 이것을 세 가지로 정리해보았다.

첫 번째 특징, 자기과시

아하수에로 왕이 왜 연일 잔치를 배설하는지에 대해 성경은 이렇게 해석한다.

> 왕이 여러 날 곧 백팔십 일 동안에 그의 영화로운 나라의 부함과 위엄의 혁
> 혁함을 나타내니라 에 1:4

이 부분을 표준새번역 성경으로 보면 그 의미가 더욱 선명하게 드러난다.

"자기 왕국이 지닌 영화로운 부요와 찬란한 위엄을 과시하였다. 잔치는 여러 날 동안, 무려 백팔십 일이나 계속되었다."

성경은 아하수에로 왕이 잔치를 배설한 내면에는 '자기과시의 욕구'가 담겨져 있음을 명시하고 있다.

잔치 도중에 갑자기 아내인 와스디 왕후를 불러들인 것도 똑같은 이유이다. 11절을 표준새번역으로 보면 이렇다.

"와스디 왕후가 왕후의 관을 쓰고, 왕 앞으로 나오게 하라고 명령하였다."

누가 명령했는가? 아하수에로 왕이다. 흥겹게 잔치를 즐기다가 갑자기 왜 이런 명령을 내렸는가? 이어지는 11절 하반절에서 그 이유에 대해 이렇게 설명한다.

"왕후가 미인이므로, 왕은 왕후의 아름다움을 백성과 대신들 앞에서 자랑하고 싶었던 것이다."

여기에 우리가 얻어야 할 교훈이 있다. '자기과시'라는 것이 하나님 없이 살아가는 사람의 강력한 특징 중 하나라는 것이다.

자기과시의 잣대로 보는 영적 상태

영적인 것은 우리의 눈에 보이는 것이 아니기 때문에 지금 우리의 믿음이 자라고 있는지 후퇴하고 있는지를 점검하기란 어렵다. 그러나 하나님 없는 인생이 갖는 강력한 특징이 '자기과시'란 원리에 비춰 자신을 돌아보면 지금 우리의 믿음이 어떠한 상태인지 점검해볼 수 있다. 내 안에서 자기과시가 불같이 일어나고 있다면 문제가 있다는 신호이다. 영적으로 문제가 생기면 이런 일들이 일어난다.

디모데후서 3장에 이런 말씀이 있다.

> 너는 이것을 알라 말세에 고통하는 때가 이르러 사람들이 자기를 사랑하며 돈을 사랑하며 자랑하며 딤후 3:1,2

교회에서 열심히 봉사하고, 열심히 예배드리고, 열심히 사역하는 사람들도 그 내면의 동기를 살펴보면 우리 눈에 보이는 것과는 전혀 다른 결과가 나올 수 있다. 그렇기 때문에 우리의 평가와 하나님의 평가가 전혀 다를 수 있다. 우리는 겉모습만 볼 수 있을 뿐이지만 하나님은 우리의 내면을 보시기 때문이다.

나 같은 목회자들 역시 자신을 점검하는 중요한 잣대 중 하나가 이것이 되어야 한다.

'나의 내면의 동기는 무엇인가? 하나님을 향한 순수한 믿음인가? 아니면 나를 드러내고 싶은 욕망인가? 내 안에 자기과시의 욕구는 없는가?'

내가 다른 사람들보다 더 유능하고 탁월한 사람이란 것을 과시하기 위해 열심을 낸다면, 그것은 하나님 보시기에 참으로 추한 모습일 것이다.

오페라나 오케스트라 공연 등 음악계 종사자들 사이에 '안다 박
수'란 말이 있다고 한다. 말이 참 재미있다. 그런데 이 말이 무슨 뜻
인가 하니, 곡이 채 끝나기도 전에 자기가 그 곡을 안다는 걸 과시
하기 위해 터져나오는 박수를 뜻한다고 한다. 지휘자나 연주자, 다
른 관객들은 곡이 끝나기 직전의 그 짧은 여운에 몰입하며 감동하
고 있는데 꼭 그럴 때 '나 저 곡 알아! 이제 끝이야!' 하면서 막 박수
를 친다는 것이다. 얼마나 무례하고 매너 없는 박수인가? 그 안에
는 자기과시의 심리가 담겨 있다.

모든 인간에게는 이처럼 자기를 과시하고 싶어 하는 본능이 자리
잡고 있다. 그렇기 때문에 이런 '저급한 욕구를 다스릴 수 있느냐
없느냐' 하는 잣대로 자기 믿음의 상태를 살펴볼 수 있다는 것이다.

두 종류의 기도
마태복음에서 예수님은 이렇게 말씀하셨다.

또 너희는 기도할 때에 외식하는 자와 같이 하지 말라 그들은 사람에게 보
이려고 회당과 큰 거리 어귀에 서서 기도하기를 좋아하느니라 내가 진실로
너희에게 이르노니 그들은 자기 상을 이미 받았느니라 너는 기도할 때에 네
골방에 들어가 문을 닫고 은밀한 중에 계신 네 아버지께 기도하라 은밀한
중에 보시는 네 아버지께서 갚으시리라 마 6:5,6

이 말씀에는 '기도의 두 가지 구도'가 나온다. 기도하는 사람이 겉으로 보기에는 똑같은 모습이라 해도 두 종류로 나뉜다. 하나는 5절에 나오는 '사람에게 보이려고' 기도하는 사람이다. 그리고 다른 하나는 6절에 나오는 '은밀한 중에 보시는 네 아버지께' 기도하는 사람이다.

우리 인간은 참 어리석어서 '와, 저 사람은 새벽예배에 열심히 나오네? 철야기도에서도 열심히 기도하네?'라는 정도밖에 못 본다. 그러나 똑같이 열심히 기도하는 것 같아 보일지라도 하나님의 관점에서는 두 가지 중 하나이다. 사람에게 보이려고 기도하는지, 아니면 은밀한 중에 보시는 하나님께 기도하는지 말이다. 하나님은 그렇게 우리 내면의 중심을 보시는데, 자기과시가 내면의 상태를 보여주는 하나의 지표가 된다. 그래서 바울은 고린도후서에서 이렇게 말한다.

> 주님이 인정하는 사람은 자기 자신을 칭찬하는 사람이 아니라 주님께서 칭찬해주는 사람입니다 고후 10:18, 현대인의성경

바울의 이런 놀라운 통찰력은 우리에게 많은 깨달음을 준다. 이 구도에서 본다면, 자기 자신을 많이 드러내고 자랑하는 사람일수록 주님이 칭찬하시지 않을 확률이 높다. 우리가 추구해야 하는 것은 나를 과시하고 드러내는 것이 아니라 주님이 칭찬하시는 인생이

되는 것이다. 이것을 위해 우리 안의 저급한 욕구인 자기과시의 욕구를 눌러야 한다.

두 번째 특징, 허영

아하수에로 왕이 배설한 잔치에 담긴 또 다른 특징은 '허영'이다. 1장 4절에 보면 아하수에로 왕은 무려 180일 동안이나 계속된 잔치가 끝나자마자 연이어 다시 잔치를 배설한다. 그 잔치가 얼마나 화려했는지, 성경은 이렇게 기록한다.

> 백색, 녹색, 청색 휘장을 자색 가는 베 줄로 대리석 기둥 은고리에 매고 금과
> 은으로 만든 걸상을 화반석, 백석, 운모석, 흑석을 깐 땅에 진설하고 금 잔
> 으로 마시게 하니 잔의 모양이 각기 다르고 왕이 풍부하였으므로 어주가 한
> 이 없으며 에 1:6,7

정말 대단한 잔치 아닌가? 성경을 읽는 것만으로도 배가 부를 지경이다. 그런데 여기서 우리가 얻어야 하는 교훈은 무엇인가? 하나님 없는 인생의 첫 번째 특징인 자기과시는 필연적으로 허영으로 흘러간다는 것이다.

'베블런 효과(veblen effect)'라는 말이 있다. 가격이 높아질수록 오히려 수요가 높아지는 현상을 말한다. 어느 골동품 가게에 유독 안 팔리는 골동품이 있었다고 한다. 어느 날, 가게 종업원이 상품을

정리하다가 실수로 그만 잘 안 팔리던 그 골동품 가격에 '0'을 하나 더 붙여서 전시했다. 말하자면, 백만 원짜리 물건에 천만 원이라고 가격표를 붙인 것이다.

그런데 희한한 일이 벌어졌다. 백만 원 할 때는 그렇게 안 팔리던 것이 천만 원이 되자 하루 만에 팔리더라는 것이다. 이런 기현상이 바로 베블런 효과이다.

이것의 기반이 무엇인가? 바로 인간의 '허영'이다. 내가 볼 때, 마귀가 우리나라 사람들에게 가장 많이 조장하고 역사하는 것 중 하나가 허영인 것 같다. 언젠가 유럽에 갔을 때, 소위 우리나라에서 유명하다는 명품가게에 갔다가 깜짝 놀랐다. 내가 알고 있던 가격에 비해 너무 저렴했다.

'이상하다. 이게 이렇게 싼 가격일 수가 없는데?'

다 그런 건 아니겠지만, 우리나라에서 유통되는 상당히 많은 명품들에 베블런 효과가 작동하고 있는 것이다. 한번 생각해보자. 베블런 효과가 이렇게 우리 안에서 활발하게 작동하고 있다면, 그것은 사치와 허영에 들뜬 심리가 우리 안에 깊이 뿌리내리고 있다는 것 아니겠는가? 그러면 안 된다. 특히 우리 그리스도인은 그러면 안 된다.

내가 목사로서 나 자신에게 경고하며 선포하는 몇 가지 문구가 있다. 시편 기자가 자기 영혼에게 명령을 많이 했던 것처럼, 나도 그 원리를 가지고 나에게 자주 명령한다. 그중 하나가 이것이다.

"이찬수 목사, 너 헛 멋들지 마!"

사실 교회가 어느 정도 성장하고 나면, 담임목사의 자리는 정말 헛 멋들기 쉬운 자리다. 어떤 성도들을 만나도 "목사님, 목사님" 하면서 예우해주고, "우리 목사님이 최고야" 하면서 치켜세워주니 말이다. 어디를 가더라도 교역자를 대동해서 함께 가고 싶고, 운전기사도 고용해서 큰 차 타고 다니며 과시하고 싶은 욕구가 내면에 흐르고 있다. 목사라고 해서 이런 욕구에서 예외가 될 수는 없다. 그래서 나는 자꾸 나에게 명령한다.

'너 헛 멋들지 마! 네가 뭘 했다고 헛 멋이 드냐?'

이렇게 자신에게 자꾸 경고하는 것이 효과가 좋다. 만약 명품 좋아하고, 남들보다 비싼 물건, 남들보다 좋은 물건을 과시하고 싶은 베블런 효과에 영향 받는 사람이 있다면 자기 자신에게 이 명령을 해보기 바란다. 자신의 이름을 부르면서 명령하라. 우리 내면에 흐르고 있는 허영을 다스려야 한다. 허영은 하나님 없는 사람의 강력한 특징이기 때문이다.

세 번째 특징, 분노

그다음으로 아하수에로 왕이 배설한 잔치에서 볼 수 있는 하나님 없는 사람의 특징은 '분노'이다. 에스더서 1장 12절에서 잔치는 이렇게 마무리된다.

그러나 왕후 와스디는 내시가 전하는 왕명을 따르기를 싫어하니 왕이 진노하여 마음속이 불 붙는 듯하더라 에 1:12

그렇게 화려하게 시작한 잔치가 울분과 분노로 끝나고 있다. 이것이 놀라운 인생의 법칙이다. 자기과시와 허영이 크면 클수록 그 인생에는 허무가 자리 잡고 있는 법이며, 그 인생은 늘 남을 향한 분노와 울분으로 자리매김한다. 이것이 에스더서를 통해 하나님이 우리에게 가르쳐주시는 교훈이다.

그 끝이 울분과 분노인데, 엄청나게 화려하게 시작한들 뭐하겠는가? 그런 인생은 허무할 뿐이다. 지금은 우리 인생길이 힘들고 고생스럽더라도 세월이 가면 갈수록 윤택하고 좋아지는 인생이 바람직한 인생이 아니겠는가? 비록 인생의 전반전인 젊은 시절에는 힘든 길을 걷는다 하더라도 인생의 후반전이 윤택해질 수 있다면 누군들 그 길을 피하겠는가? 그래서 나는 이 책을 보는 독자들에게 이렇게 축복하고 싶다.

"지금보다 5년 뒤가 더 복된 인생이 되길 바란다. 5년 뒤 보다는 10년 뒤가 훨씬 더 윤택한 인생이 되길 바란다."

이런 복을 받아 누리려면 아하수에로 왕에게서 교훈을 얻어야 한다. 자기과시와 그것에서 비롯되는 사치와 허영은 우리를 허무의 자리로 인도할 수밖에 없다.

이런 측면에서 '아하수에로 왕의 길'과 '에스더의 길'을 비교하면서 에스더서 전체를 보면 큰 도움이 될 것이다. 이것이 에스더서를 살피는 첫 번째 관전 포인트다.

아하수에로와 에스더를 한번 비교해보자. 두 사람에게는 한 가지 공통점이 있다. 모든 사람이 다 부러워할 만한 '성공한 인생'이란 점이다. 물론 성공에 이르는 과정과 출신 배경에는 차이가 있지만, 두 사람 다 화려한 성공을 거머쥔 인물들이다.

아하수에로 왕은 1절에 기록된 것처럼 인도에서 구스까지 127개의 지방을 다스리는 왕이었으며, 마음만 먹으면 6개월 내내 화려한 잔치를 베풀 만한 부와 권력이 있었다. 에스더는 어떤가? 아하수에로 왕과의 갈등으로 와스디 왕후가 폐위되고, 공개 모집으로 뽑힌 차기 왕후가 에스더였다. 모든 여성들이 부러워할 신데렐라 같은 이야기다. 부모를 잃고 사촌오빠인 모르드개 밑에서 자란 무명의 에스더 입장에서는 보통 성공이 아니다.

이렇게 둘 다 입지전적인 성공의 자리로 나아갔지만, 둘에게는 결정적인 차이가 있었다. 아하수에로 왕은 그 복된 행운과 성공을 가지고 자기과시와 허영의 자리로 나아갔고, 에스더는 그 복된 성공의 자리에서 자기를 위한 길이 아닌 어려움을 당하는 이웃과 민족을 살리는 자리로 나아갔다는 것이다.

에스더는 민족의 어려움 앞에서 이렇게 고백했다.

당신은 가서 수산에 있는 유다인을 다 모으고 나를 위하여 금식하되 밤낮 삼 일을 먹지도 말고 마시지도 마소서 나도 나의 시녀와 더불어 이렇게 금식한 후에 규례를 어기고 왕에게 나아가리니 죽으면 죽으리이다 하니라

에 4:16

에스더의 상황을 한번 생각해보자. 지금 이런 말을 입 밖으로 낼 때인가? 여태껏 부모 없이 사촌오빠 밑에서 자랐다. 그런 초라한 자리에서 이제 막 모든 사람들이 부러워하는 왕후의 자리에 올라선 터였다. 사실 에스더 입장에서 보면 지금은 "죽으면 죽으리이다" 할 상황이 아니라 "꿈이야 생시야" 하면서 자기 볼을 꼬집어가며 황홀경에 빠져 있어야 할 상황이다. 위기를 만난 동족들 얘기가 들려오긴 했지만, 눈 한번 질끈 감아버리면 될 일이었다. 솔직히 이런 생각을 할 법도 하다.

'내가 고향 사람들까지 다 도와야 하나?'

그러고선 왕과 잔치나 즐기며 살면 되는, 충분히 그럴 수 있는 자리에 있었다. 그러나 그게 안 되는 게 에스더였다. 이것이 안 되는 게 우리 그리스도인들이다. 이것이 중요한 포인트다.

고뇌 없는 인생, 타락의 시작

이런 관점에서 오늘날 말세를 사는 그리스도인이 꼭 가져야 할 것을 한 단어로 요약하라면, 나는 '고뇌'라고 말하고 싶다. 그저 좋

은 대학에 가고, 좋은 직장을 얻고, 결혼을 잘하고, 사업이 잘되는 것으로 만족하며 "고뇌 없이 사는 게 행복이야"라고 생각하고 있다면, 그것이 바로 '변질'이라는 사실을 알아야 한다.

목회를 하는 내 입장에서 말하자면, 서른 명 남짓 모여서 개척교회를 한다고 우왕좌왕하고 있을 때는 교회가 어렵다고 만날 고뇌하다가, 성도들이 꽤 모이고 제법 큰 교회 됐다고 고뇌 하나 없이 그저 행복하기만 하다면 나는 삯꾼 목사이다. 큰 교회이거나 작은 교회인 것이 문제가 아니다. 성공하고 성공하지 못하고는 문제가 아니다. 진정한 그리스도인이라면 오늘 이 땅의 현실을 보며 아파해야 한다. 괴로워해야 한다. 고뇌해야 한다. 고뇌가 없는 것, 그것은 '타락'이다.

예수님은 '노아의 때에 먹고 마시고 장가들고 시집가며 사는 것, 그것이 변질이다'라고 말씀하셨다. 먹고 마시고 장가들고 시집가는 게 뭐가 잘못인가? 그러나 아하수에로 왕처럼 '내 것 내가 써야지, 내 인생 내가 즐겨야지' 하며 180일 동안 잔치나 베풀고 온통 자기를 과시하며 인생을 즐기는 길로 나아간다면, 그것이 변질이란 얘기이다.

그래도 가야 하는 길

얼마 전에 어느 목사님의 이야기를 들었다. 그 목사님이 시무하시는 교회의 성도가 천 명쯤 되는데, 최근에 분립 개척을 했다고 한다. 그러자 120여 명의 성도들이 새로 개척하는 교회로 이동했다. 그 교회 성도의 10분의 1이 따라간 것이다.

이 이야기가 내게 흥미로웠던 것은 그때 당시 우리 교회가 '한 지붕 두 가족 교회'라고 해서, 새로 개척하는 교회가 어느 정도 정착할 때까지 우리 교회 교육관에서 교회를 시작하는 새로운 형식의 분립 개척을 준비하고 있던 때였기 때문이다.

왜 이런 시도를 하게 되었는가 하니, 이전에 두 번의 분립 개척을 해보니 성도님들이 멀다고, 혹은 낯선 지역이라고 따라가지 않는 것이다. 그래서 이번에는 성도님들에게 익숙한 우리 교회 교육관 한 층을 내어주어 그곳에서 개척을 시작하면 익숙해서 좀 더 많은 분들이 따라가지 않을까 하는 생각에서였다.

당시에 그런 계획을 가지고 준비하던 상황이다보니 이런저런 생각 때문에 고민이 많았다. 그러던 차에 그 목사님에 관한 이야기를 듣게 되어 그 목사님과 이야기를 나눠보고 싶었다. 그래서 전화를 드리고 찾아가서 분립 개척과 관련하여 이런 저런 궁금한 것들을 여쭤보며 대화를 나누었다. 그러다 이런 질문을 드렸다.

"그런데요 목사님, 분립 개척하는 과정에서 뭐가 제일 힘들었습니까?"

나도 그 어려움에 대비해야 했기에 가장 궁금한 질문이기도 했다. 그러자 그 목사님은 한숨을 푹 쉬시면서 이렇게 말씀하셨다.

"저와 집사람 모두에게 가장 힘든 게 한 가지 있었습니다."

"그것이 무엇입니까?"

"마음이 힘들었습니다. 정들었던 성도님들을 보낸다는 것이 이렇게 힘든 일인 줄 몰랐습니다."

그 한 마디가 너무 공감이 되었다. 나 역시도 분립 개척을 해본 경험이 있기 때문에 그 심정을 잘 안다. 누가 나에게 똑같은 질문을 던진다면 나도 그 목사님과 동일한 대답을 했을 것이다.

분립 개척이라는 것이 창고에 쌓아놓은 물건을 나눠주는 게 아니라 영혼을 상대하는 일이다보니 정든 성도들을 떠나보내는 것이 쉽지 않다. 이것은 교회의 규모와는 상관없는 이야기이다. 왜냐하면 이것은 숫자의 문제가 아니라, 그동안 함께 울고 함께 웃으며 동역의 기쁨을 나누던 성도를 떠나보내는 일이기에 그렇다. 그래서 가슴이 아프다. 자녀를 많이 둔 부모라고 해서 어느 한 자식이라도 떠나보내는 일이 가볍고 쉽지 않은 것과 같은 이치이다.

그래서 그 목사님의 대답에 공감하며 이렇게 대답했다.

"살점이 뜯어지는 아픔이죠. 이 아픔을 겪어보지 않고는 누가 알겠습니까?"

그렇게 서로를 공감하며 한참 대화를 나누다가 그 목사님과 내가 마지막으로 내린 결론이 무엇인지 아는가?

"그럼에도 또 해야지요. 여건만 주어진다면 또 다시 분립 개척을 해야지요."

그날 우리는 왜 이런 결론을 내려야만 했을까? 그것이 정답이기 때문이다.

그 길이 하나님께서 원하시는 길이라면 힘들고 어려워도 가야 하는 것이 종의 도리이기 때문이고, 그 길이 아하수에로 왕의 길이 아닌 에스더의 길이기 때문이다.

그 목사님과 대화를 나누고 난 얼마 후에 우리 교회는 세 번째 분립 개척을 했다. '한 지붕 두 가족 교회'의 형태로 분립 개척을 시작했더니 이전에 했던 두 번의 분립 개척 때보다 더 많은 사람들이 따라나섰다. 예상했던 대로 어느 가정이 새로운 교회로 이동했다는 소식이 들릴 때마다 가슴이 아팠다.

어느 토요일에는 분립 교회로 옮기기로 결정한 권사님 부부가 작별 인사를 하러 오셨다. "가서서 건강한 교회를 만들어주세요. 행복하세요"라고 축복하며 기도해드리고 헤어졌는데, 초창기부터 정들었던 분들이라 헤어지려니 마음이 많이 아팠다. 마음이 허전해서 설교 준비도 잘 되지 않았다.

하지만 나는 알고 있다. 이 마음 아픔이 나의 변질과 타락을 막는 예방주사라는 것을. 아프다고 더 이상 시도하지 않는 그 순간부터 나는 변질과 타락의 길로 접어드는 것이라고.

더불어 잘사는 길

하나님이 원하시는 길은 나만 잘 먹고 잘사는, 나만 행복한 아하수에로 왕의 길이 아니다. 하나님은 자신의 축복을 이웃과 더불어 나누는 에스더의 길을 원하신다. 이런 차원에서 나는 지난 2014년 가을 특별새벽부흥회 때 성도들에게 한 가지 제안을 했다. 우리 교회에서는 특새를 할 때마다 마지막 날에는 꼭 헌금을 하는데, 그것은 가능하면 교회의 유익을 위해서가 아니라 이웃들을 위해 쓰려고 애쓰고 있다. 그래서 그 헌금으로 우리 지역의 복지 사각지대에 놓인 어려운 이웃들을 돕는 펀드를 만들어보자고 했다.

얼마 전에 송파 세 모녀 자살 사건이라는 너무나 가슴 아픈 일이 벌어졌다. 경제적 어려움에 더 이상 탈출구가 없는 절박한 상황에서 세 모녀가 함께 자살한 그 사건을 보면서 정말 마음이 아팠다. 그리고 이런 생각을 했다.

'아니, 이 땅에 교회가 이렇게 많은데, 이들이 이렇게 비참하게 죽을 수밖에 없었을까? 남산 꼭대기에 올라가 보면 대한민국이 온통 빨간 십자가로 덮여 있는데, 이렇게 구석구석 교회가 자리 잡고 있는데, 경제적인 어려움 때문에 이런 가슴 아픈 일은 일어나면 안 되는 것 아닌가?'

조금 과장해서 말하자면, 경제적인 어려움 때문에 자살을 택한 송파 세 모녀 사건은 전적으로 교회의 책임이다. 나는 그것이 너무 마음이 아프고 회개가 되었다.

그래서 특새를 통해 '죽으면 죽으리이다'라는 비장한 각오로 민족을 살려내기 위해 애썼던 에스더의 길을 선포하면서, 특새 헌금으로 펀드를 조성하자고 제안한 것이다. 그리고 '긴급구호 헌금 계좌 통장'을 개설하여 성도님들이 언제든지 헌금할 수 있도록 했다. 쉽게 말해서 일종의 긴급구호 시스템을 구축하는 것이다.

그랬더니 놀라운 일이 일어났다. 특새 헌금과 전용계좌 통장을 합하여 무려 5억 원이 넘는 헌금이 들어온 것이다. 연약한 이웃에 대한 성도님들의 따뜻한 사랑이 이런 놀라운 결과를 가져왔다.

그리고는 성남시와 '긴급구호뱅크' 업무 협약을 맺었다. 행정 기관의 힘을 빌려 혹시라도 있을지 모르는 교회 안에서의 편파적인 후원 결정을 막고 객관적으로 복지 사각지대에 놓인 이웃들을 찾아내는 일에 도움을 받기 위해서였다.

물론 우리의 힘으로 대한민국의 모든 비극을 다 막을 수는 없다. 그러나 적어도 우리 교회가 있는 지역만큼은 우리가 나서서 도움을 주자는 것이다. 그래서 정말 벼랑 끝에 몰려 있지만 정부가 미처 도와주지 못한 이웃들을 찾아내 살리는 일을 교회가 하자는 것이다. 한국의 모든 교회가 "우리 교회가 있는 이 지역만큼은 우리가 책임진다!"라는 마음으로 이웃을 돌아본다면, 이 같은 비극은 훨씬 줄어들 것이다.

나는 하나님이 에스더서를 통해 우리에게 인생의 두 갈래 길을 보여주신다고 믿는다. 그리고 주님은 자기를 과시하고 허영에 들떠서 사치함으로 허망한 울분과 분노의 자리로 빠질 수밖에 없는 아하수에로 왕의 길이 아닌, 비록 험난하고 '죽으면 죽으리이다' 하는 비장한 각오 없이는 걸어갈 수 없는 길이지만 자기도 살고 민족도 살리는 에스더의 길로 우리가 걸어가기를 원하신다고 믿는다.

혹시라도 한국 교회가 그동안 하나님께서 주신 많은 은혜를 받아 누렸으면서도 그 풍성함을 가지고 이웃을 돌아보는 에스더의 길이 아니라, 나만 잘 먹고 잘살면 된다는 아하수에로 왕의 길로 나아간 것은 아닌지 깊이 돌아봐야 한다. 그래서 지금이라도 주님이 원하시고 기뻐하시는 에스더의 길로 돌이켜야 한다.

배후에서 일하시는 하나님을 보라

그런가 하면 에스더서 전체를 조망할 수 있는 관전 포인트가 또 하나 있다. 그것은 배후에서 역사를 주관하시는 하나님의 일하심을 보는 것이다. 나는 특히 '배후에서'라는 말을 강조하고 싶다.

놀랍게도 에스더서에는 '하나님'이라는 단어가 한 번도 안 나온다. 성경 66권 중에 유일하다. 그래서 에스더서는 역사적으로 많은 수난을 당했다. 종교개혁가 마르틴 루터는 에스더서를 이렇게 혹평했다.

"이 책이 우리에게 전수되지 않았으면 좋았을 뻔했다."

성경에서 에스더서를 빼야 한다는 말을 그렇게 돌려 말한 것이다. 칼빈의 경우, 그의 생애에 에스더서를 본문으로 설교한 적이 한 번도 없다. 이렇듯 에스더서는 혹평을 받으며 평가절하 되었지만, 나는 생각이 좀 다르다.

'하나님'이라는 단어가 직접적으로 사용되지는 않았지만, 에스더서만큼 배후에서 일하시는 하나님, 역사를 주관하시고 그분을 신실하게 따르는 자들을 인도하시는 하나님의 손길이 강하게 느껴지는 성경도 없기 때문이다.

우리는 에스더서를 읽으면서, 보이지는 않지만 우리 인생을 주관하시는 하나님의 손길을 느낄 수 있어야 한다. 오늘의 혼미한 역사를 주관하시며 우리의 가정과 인생을 주관하시는 하나님을 볼 수 있는 눈을 가져야 한다. 입으로 "주여, 주여" 외치는 것이 중요한 게 아니다. 하나님의 이름을 한 번을 부르든, 천 번을 외치든 그것이 중요한 게 아니다. 우리의 마음 깊은 중심에서 하나님이 나를 주관하시고 오늘의 역사를 주관하신다는 믿음을 회복해야 한다. 이 믿음이 회복되는 역사가 있어야 한다. 바로 이것이 에스더서에 담겨 있는 정신이다.

나도 살고 그들도 산다!

사실 에스더서를 본문으로 설교를 준비하면서, 누구보다 나 자신이 많은 은혜를 받았다. 한 교회의 담임목사로서 내색할 수는 없었지만, 내 안에는 두려움이 있었다. 10년 안에 1만 성도를 파송하겠다는 '일만성도 파송운동'을 선포한지 벌써 2년 반이 흘렀다. 세월이 얼마나 빨리 흐르던지, 눈 깜짝할 사이에 2년 반이 지나버렸다. 그리고 나니 이제 7년 반밖에 안 남았다. 7년 반 후면 지금 교회에서 사용하고 있는 교육관도 사회에 환원하기로 했으니 그 일을 진행해야 하고, 성도의 절반 내지 4분의 3 정도를 다른 교회로 파송하기로 했으니 그 약속도 지켜야 한다. 너무 빨리 흐르는 시간 앞에서 내 안에 두려움이 커졌다.

'이게 과연 잘 될까? 7년 반 뒤엔 어떤 일이 벌어질까? 정말 우리 교회 성도들이 기쁜 마음으로 다른 교회로 파송되는 일이 실현될 수 있을까?'

이런 염려가 내 마음 속에 자리 잡고 있었다. 그런데 에스더서를 묵상하면서 하나님이 내 안에 주시는 확신이 있었다.

'네가 정말 다른 불순한 의도 없이 진정으로 에스더의 길을 걸어가기 원한다면, 그 길에 나 여호와가 함께한다. 내가 개입한다. 그래서 그 일이 반드시 이루어지도록 할 것이다. 네가 못하는 것을 내가 한다. 그래서 너와 성도 모두가 더불어 행복하고, 분당우리교회와 한국 교회가 더불어 살아나는 일이 반드시 이루어질 것이다!'

하나님이 불어넣어주시는 이 확신이 내게 큰 은혜가 되었다. 에스더서가 내게 이 사실을 새롭게 확신하게 하고, 또 보게 했다.

우리 자신의 모습을 돌아보면서 가장 먼저 하나님 앞에 회개해야 할 것이 무엇인가? 우리는 매일 입술로는 "주여, 주여" 외치지만 실상 우리가 추구하는 길은 아하수에로 왕의 길이 아닌가? 교회에서는 "우리가 에스더의 길을 간다!"라고 외치지만, 실상으로 우리가 추구하고 있는 것은 아하수에로 왕의 길이 아닌가?

하나님께서 우리에게 '에스더의 길'을 보여주실 때, 우리가 지금이라도 '아하수에로 왕의 길'에서 돌아서야 한다. 지금도 늦지 않았다. 아하수에로 왕의 길은 겉으로 보기에는 화려하고 성공한 것 같고 엄청난 부귀영화를 자랑하는 인생의 길 같아도 그 끝은 반드시 공허와 허무와 울분과 분노로 점철될 수밖에 없다.

하나님의 부르심에 귀를 기울이자. 하나님은 지금도 우리를 향해 이렇게 외치고 계신다.

"에스더처럼 '죽으면 죽으리이다'라는 비장한 각오로 주어진 부귀영화를 자신을 위해 쓰지 않고 연약한 이웃과 더불어 나눌 때, 너도 살고 그들도 사는 길이 열린다. 이것을 믿어라. 제발 믿음을 가져라!"

이왕에 예수님을 믿고 가는 인생인데, 이것이 정말인지 한번 테스트해보고 싶지 않은가? 우리가 하나님의 말씀대로 살아갈 때, 그것이 비록 좁은 길이요 고난의 길이라 할지라도, 그 길이 우리도 살고 이웃도 살리는 승리의 길인 것을 맛보길 원한다. 나는 이것을 시험해보고 싶다.

앞으로 7,8년 후, 분당우리교회에 어떤 일이 일어날지 지금의 나로선 전혀 알지 못한다. 그러나 하나님은 아신다. 나와 우리 교회가 순수한 믿음으로 에스더의 길로 나아간다면, 하나님께서 배후에서 우리를 바른 길로 인도해주실 줄 믿는다. 그것이 나도 행복하고, 우리 교회 성도들도 행복하고, 주변의 많은 교회들도 더불어 행복한 놀라운 해법이리라 믿는다. 이 땅의 모든 교회와 크리스천들이 이 에스더의 길을 추구하게 되기를, 그래서 그 길의 끝에서 맛볼 '더불어 살아나는 놀라운 하나님의 은혜'를 경험하게 되기를 바란다.

내일 일은 모르지만…!

나는 에스더서를 묵상하면서 믿음을 지키기 어려운 상황 속에서도 "죽으면 죽으리이다" 외치며 눈물로 부르짖었던 믿음의 선배 어른들의 결연한 신앙이 떠올랐다. 그중에서도 《죽으면 죽으리라》라는 책으로 널리 알려지신 옥중 성도 안이숙 여사님이 번안하여 쓰신 찬송의 가사가 맴돌았다.

> 내일 일은 난 몰라요 하루 하루 살아요
> 불행이나 요행함도 내 뜻대로 못해요
> 험한 이 길 가고 가도 끝은 없고 곤해요

이것이 좁은 길, 에스더의 길이다. 그런데 그다음에 이어지는 가사를 보라.

> 주님 예수 팔 내미사 내 손 잡아주소서
> 내일 일은 난 몰라요 장래 일도 몰라요
> 아버지여 날 붙드사 평탄한 길 주옵소서

그 길 끝에 아버지께서 붙드시고 인도하시는 평안과 평탄이 있다. 우리는 그저 주님 손을 붙들고 우리의 인생 배후에서 역사하시는 하나님을 굳게 믿으며 그 길을 걸어갈 뿐이다.

최근에 하나님께서 내게 이사야서 말씀을 자주 묵상하게 하신다.

너희의 하나님이 이르시되 너희는 위로하라 내 백성을 위로하라 사 40:1

지금도 보이지 않는 곳에서 묵묵히 에스더의 길을 걷고 있는 성도들과 믿음의 동지들이 있다. 그 믿음의 백성들을 향해 위로의 말씀을 전하라는 마음을 주신다. 세상 사람들은 그들을 향해 "저렇게 바보같이 살아서 어떻게 하냐"라고 조롱하지만, 주님은 이렇게 확신을 주신다.

'아니야, 네가 걷고 있는 그 길이 옳은 길이야!'

주님의 이 확신을 가슴에 담고 지금도 살아서 역사를 주관하시고 우리의 인생을 주관하시는 하나님을 믿는 믿음으로 주님이 기뻐하시는 그 길을 함께 걷자. 그 길이 나도 살고, 이웃도 살고, 교회도 사는 길이다.

에스더서 1장 12-22절

그러나 왕후 와스디는 내시가 전하는 왕명을 따르기를 싫어하니 왕이 진노하여 마음속이 불 붙는 듯
하더라 왕이 사례를 아는 현자들에게 묻되 (왕이 규례와 법률을 아는 자에게 묻는 전례가 있는데 그
때에 왕에게 가까이 하여 왕의 기색을 살피며 나라 첫 자리에 앉은 자는 바사와 메대의 일곱 지방관
곧 가르스나와 세달과 아드마다와 다시스와 메레스와 마르스나와 므무간이라) 왕후 와스디가 내시
가 전하는 아하수에로 왕의 명령을 따르지 아니하니 규례대로 하면 어떻게 처치할까 므무간이 왕과
지방관 앞에서 대답하여 이르되 왕후 와스디가 왕에게만 잘못했을 뿐 아니라 아하수에로 왕의 각 지
방의 관리들과 뭇 백성에게도 잘못하였나이다 아하수에로 왕이 명령하여 왕후 와스디를 청하여도 오
지 아니하였다 하는 왕후의 행위의 소문이 모든 여인들에게 전파되면 그들도 그들의 남편을 멸시할
것인즉 오늘이라도 바사와 메대의 귀부인들이 왕후의 행위를 듣고 왕의 모든 지방관들에게 그렇게
말하리니 멸시와 분노가 많이 일어나리이다 왕이 만일 좋게 여기실진대 와스디가 다시는 왕 앞에 오
지 못하게 하는 조서를 내리되 바사와 메대의 법률에 기록하여 변개함이 없게 하고 그 왕후의 자리를
그보다 나은 사람에게 주소서 왕의 조서가 이 광대한 전국에 반포되면 귀천을 막론하고 모든 여인들
이 그들의 남편을 존경하리이다 하니라 왕과 지방관들이 그 말을 옳게 여긴지라 왕이 므무간의 말대
로 행하여 각 지방 각 백성의 문자와 언어로 모든 지방에 조서를 내려 이르기를 남편이 자기의 집을
주관하게 하고 자기 민족의 언어로 말하게 하라 하였더라

chapter

02

세상 왕의
세 가지 어리석음

잔치 vs 잔치

앞에서 우리는 아하수에로 왕이 배설했던 잔치에 담긴 '하나님 없는 인생'의 특징을 살펴보았다. 하나님 없는 인생을 세 단어로 요약하자면 '자기과시'와 '허영', 그리고 '분노'이다. 이뿐 아니라 하나님 없는 인생의 또 다른 특징은 겉모습이 화려하다는 것이다. 아하수에로 왕이 배설한 잔치는 매우 화려했다. 모든 사람이 부러워할 만했다. 그러나 그 끝은 울분과 분노와 허무뿐이었다.

이런 점에서 나는 에스더서 1장의 아하수에로 왕의 잔치와 요한복음 2장에 나오는 예수님이 함께하신 가나의 혼인잔치가 자꾸 대비되었다. 가나의 혼인잔치에서처럼 예수님과 함께하는 인생은 어떤 인생인가? 그 특징 중 하나가 갈수록 복된 인생이란 것이다.

가나의 혼인잔치 도중에 포도주가 떨어졌다. 잔칫집에서 포도주가 떨어지다니, 난감한 상황이다. 그때 예수님은 물이 포도주로 바뀌는 기적을 베풀어주셨다. 그래서 어떻게 되었는가? 잔칫집에 모인 하객들이 처음에는 인간이 만든 포도주를 마시며 즐거워하다가 잔치가 끝나갈 무렵에는 예수님이 만드신 기적의 포도주를 마시며 놀라워했다.

이것을 우리의 삶에 적용해보자. 예수님이 함께하시는 인생은 가나의 혼인잔치 같은 인생, 갈수록 예수님께서 만드신 향내 나는 포도주를 마시며 사는 인생이다. 처음에는 내 힘으로 내 인생을 이끌어보려고 애쓰고 수고하지만, 뒤로 갈수록 예수님이 베푸신 기적의 포도주를 맛보며 즐거워하는 인생이다.

내 인생을 돌아보니, 젊은 시절인 이십 대 때보다 지금의 내 인생이 훨씬 더 향기롭다. 이십 대 때보다는 삼십 대 때가, 또 삼십 대 때보다는 사십 대 때가 훨씬 향기롭다. 이처럼 갈수록 풍성해지고 향기로워지니, 이후의 나의 남은 인생은 또 얼마나 더 향기로워질까? 나는 확신한다. 내 인생은 갈수록 더 좋아질 것이다. 주님과 함께하기에 그렇게 될 줄 믿고 또 기대한다. 갈수록 향내 나는 인생, 주님이 베푸신 기적의 포도주를 맛보는 기쁨이 충만한 인생일 줄 믿는다.

중심이 있으면 흔들리지 않는다

그런데 하나님 없는 인생이 자기과시와 허영과 분노로 점철될 수밖에 없는 이유가 있다. 그것은 삶의 중심이 없기 때문이다. 나는 우리 교회 교역자들에게 종종 이런 말을 한다.

"목회하는 데 가장 중요한 것은 중심점을 잡는 것이다."

컴퍼스로 도화지에 원을 그려보면 알 것이다. 중심이 딱 잡혀 있으면 원의 크기가 크든 작든 상관없다. 혼란이 없다. 30여 명으로 시작한 분당우리교회가 2만여 명이 모이는 교회로 규모가 변했음에도 혼란이 없는 이유는 하나님이 중심을 잡아주시기 때문이다. 중심이 잘 잡혀 있으면 원이 아무리 커져도 혼란이 없다.

그런데 중심 없는 인생은 원이 조금만 커져도 난리가 난다. 혼란스럽다. 바로 이것 때문에 하나님 없는 인생은 자기과시와 허영과 분노로 점철되어 자기도 망하고 남들도 망하는 길로 갈 수밖에 없는 것이다.

우리에게는 이 중심이 있는가? 에스더서를 살펴보는 첫 단계에서 우리는 이것에 대해 점검해야 한다. 별다른 혼란 없이 고요한 인생을 살아갈 때도, 또 외부의 유혹과 공격과 위기가 찾아올 때도, 약간 흔들리더라도 다시 바로 설 수 있는 이 중심이 우리 안에 있는지 하나님 앞에서 잘 점검해야 한다.

중심 없는 인생

아하수에로 왕을 보면서 발견한 것은, 그에게는 중심이 없었다는 것이다. 많은 주석가들 역시 그를 중심 없이 그때그때 자기감정에 따라 즉흥적으로 행동했던 인물로 평가한다. 사람을 세우는 것도 즉흥적이었고, 자기 아내를 버리는 것도 즉흥적이었다. 중심이 없기 때문이다.

이것이 오늘날 우리 시대의 모습 아닌가? 중심 없이 누가 한 마디만 하면 이리 흔들, 저리 흔들거린다. 우리의 인생이 예수님이 함께해주시는 가나 혼인잔치와 같은 인생이 되어야 한다는 것은, 그저 향내 나는 포도주를 얻어 마시기 위함이 아니다. 주님이 함께하시는 인생이어야 중심이 흔들리지 않기 때문이다. 삶의 중심축이 흔들리지 않으면 하나님이 나를 크게 쓰셔서 원이 커지더라도, 또 하나님이 내게 작은 분야를 맡기셔서 작은 원을 그리게 하실 때도 흔들리지 않는다. 늘 변함이 없다.

나는 내 인생에 대해 이런 평가를 받고 싶다.

"목사님은 참 변함이 없으시네요."

아마 이 말이 내 인생에 가장 큰 면류관일 것 같다. 개척 교회에서 목회할 때나 큰 교회에서 목회할 때나 변함이 없다는 평가를 받고 싶다. 이것이 어떻게 가능할 수 있을까? 중심이 있으면 된다. 원이 커지든 작아지든 중심축은 변하지 않기 때문이다.

아하수에로 왕은 중심이 없었기에 즉흥적인 감정에 따라 행동했다. 잔치를 즐기다 즉흥적으로 아내인 왕후 와스디를 자랑하고 싶어 불렀고, 이를 거절하자 불같이 진노했다(12절).

뭐, 여기까진 이해할 수도 있다. 인간은 감정의 동물이니 순간적인 마음에 격분할 수도 있지 않겠는가? 하지만 아하수에로 왕에게 중심이 없다는 것이 어디서 드러나는가? 아무것도 아닌 사소한 일로 일단 격분하자 그 감정을 통제하지 못하고 아내인 왕후를 폐위시키는 어처구니없는 자리로까지 몰고 갔다는 점이다.

하나님의 '나카'가 있는 인생

이런 극단적인 행동을 하는 아하수에로 왕을 보면서 그와 너무나 대조되는 성경의 인물이 머릿속에 떠올랐다. 바로 다윗이다. 다윗도 왕이었다. 그러나 다윗 왕과 아하수에로 왕에게는 결정적인 차이점이 있었다. 그것은 '중심이 있느냐 없느냐'였다.

다윗은 오랜 세월, 사울 왕의 위협 속에 고통당하며 살았다. 그런데 사무엘상 24장에, 다윗이 엔게디 광야에서 사울 왕을 제거할 절호의 기회를 잡는 장면이 나온다. 다윗이 엔게디 광야에 숨어 있다는 소식을 듣고 그를 찾아 나선 사울 왕이 볼일을 보기 위해 그가 숨어 있던 동굴로 들어온 것이다. 사울 왕은 무방비 상태였다.

다윗의 측근들은 그에게 이렇게 조언했다.

다윗의 사람들이 이르되 보소서 여호와께서 당신에게 이르시기를 내가 원수를 네 손에 넘기리니 네 생각에 좋은 대로 그에게 행하라 하시더니 이것이 그날이니이다 삼상 24:4

그러자 다윗이 어떻게 행했는가?

다윗이 일어나서 사울의 겉옷 자락을 가만히 베니라 삼상 24:4

일단 행동은 시작했다. 그러나 다음 구절을 보라.

그리 한 후에 사울의 옷자락 벰으로 말미암아 다윗의 마음이 찔려
삼상 24:5

다윗이 지금 자기 본능대로 하자면 더 이상 생각하고 말 것도 없다. 바로 사울의 목을 날렸을 것이다. 그러나 다윗이 자기 감정에 따라 사울을 죽일 수 없었던 것은 그 마음에 찔림이 있었기 때문이다. 여기 나오는 '찔려'라는 단어의 원어는 '나카'인데, 이것은 영어로는 'beat(치다, 두드리다)'라는 의미가 있다. 하나님이 그의 마음을 계속 두드리신 것이다.

'네 감정대로 하면 안 돼. 감정대로 행동하다가는 반드시 후회할 거야. 아무리 원수라도 일시적인 감정으로 사람을 죽이면 안 돼.'

하나님이 그 마음을 계속 두드리셨다. 다윗은 하나님의 그 두드리심 때문에 자기 감정대로 행동할 수 없었다. 그는 그날 사울을 죽일 수 없었다.

이것이 굉장히 중요한 포인트이다. 우리는 하나님의 사람이다.

세상에 속한 사람이 아니다. 이전에 낸 책인 《오늘을 견뎌라》에서
도 언급한 이야기지만, 미국에서 목회하시는 어느 목사님이 사춘기
딸아이에게 해준 권면이 잊히지 않는다. 그렇게 행동하면 안 된다
고 권면하자 딸아이가 "아빠, everybody가 다 그렇게 해요"라고
응수했다. 그러자 목사님인 그 아버지는 이렇게 타일렀다.

"애야, 너는 everybody가 아니야. 너는 하나님의 딸이야."

지금 온 세상이 자기 충동대로, 감정대로, 내키는 대로 살아가고
있다. 지켜야 할 가정이나 자녀라는 건 없다. 불륜이란 단어가 새
삼스럽지도 않다. 결혼했거나 말았거나 그저 자기 감정에 좋은 사
람이 생기면 마음을 내던진다. 제멋대로 행하는 시대, 중심 없는 시
대이다.

그러나 우리는 하나님의 사람이다. 우리가 하나님의 사람이라면
이 땅을 살아가는 동안 다윗에게 있었던 것과 같은 하나님의 두드
리심이 우리에게도 있어야 한다. 당신에겐 그 두드리심이 있는가?

나는 '정답을 아는 게 중요하다'라는 말을 자주 한다. 목회하는
입장에서 다윗이 경험했던 하나님의 '나카'가 작동되는 것이 얼마나
중요한지를 절실히 느낀다. 사실, 목회를 하다보니 인간적으로 눈
한번만 살짝 감으면 훨씬 편하게 갈 수 있는 길을 종종 맞닥뜨리게
된다.

'이번만 눈 한번 질끈 감고 이렇게 해볼까?'

그러나 그럴 때마다 내 마음에 다윗이 경험했던 하나님의 '나카',

하나님의 두드리심이 시작된다.

'네가 정답을 알잖아. 정답을 아는 네가 그렇게 행동하면 안 되는 거잖아?'

계속 내 마음을 두드리시기 때문에 '에휴' 하면서 제자리로 돌아올 수밖에 없다. 부끄러운 고백이지만, 그것이 계속 반복되고 있는 것이 내 목회이다.

세상은 온통 아하수에로 왕과 같이 중심 없이 자기 감정대로 날뛰고 있다. 하지만 그런 세상 안에서도 우리에게는 다윗이 날마다 경험했던 하나님의 나카, 마음의 찔림이 있어서 중심에서 조금만 어긋나도 하나님의 두드리심이 경험되는 삶을 살아야 한다. 그런 복된 삶을 살아가는 인생 되기를 바란다.

조금 불편하지만 복된 길

사실, 이것이 세상을 살아가는 데는 좀 불편하다. 그래서 어떨 때는 정치적으로 행동하고 처신하는 목회자들이 부러울 때도 있다. 어떻게 그렇게 행동하면서도 아무렇지도 않게 목회하며 살아갈 수 있는지, 그 강심장이 때로는 부럽다. 천국 가서 하나님께 혼이야 나겠지만, 이 땅에서는 편하게 살 수 있으니 말이다.

물론 농담이다. 하지만 내가 말하고 싶은 것은 분명하다. 하나님의 두드리심이 있는 인생은 세상을 살아가는 데 진짜 불편하다. 다른 사람들은 이 정도는 눈 하나 깜짝하지 않고 아무렇지도 않게 살아가는데, 하나님의 두드리심이 있으니 우리는 작은 일탈 하나도 마음대로 할 수 없다. 그것이 하나님의 나카가 있는 사람의 삶이다. 그러나 나는 나를 포함하여 이 땅의 모든 크리스천들이 이 불편함을 받아 누리기를 원한다. 이 불편함이 바로 다윗이 누렸던 특별함이었다.

성경에 '나카'라는 단어가 나오는 또 다른 구절이 있다.

> 다윗이 백성을 조사한 후에 그의 마음에 자책하고 다윗이 여호와께 아뢰되 내가 이 일을 행함으로 큰 죄를 범하였나이다 여호와여 이제 간구하옵나니 종의 죄를 사하여 주옵소서 내가 심히 미련하게 행하였나이다 하니라
>
> 삼하 24:10

여기서 '자책하고'라는 단어가 '나카'이다. 한번 생각해보라. 인간적으로 봤을 때, 인구를 조사하는 게 도덕적으로 무슨 문제가 된단 말인가? 그런데 다윗은 이것이 하나님이 기뻐하시지 않는 일이라는 걸 감지했다. 누가 귀띔해준 것도 아닐 터였다. 누가 왕 앞에 나아가 지적하고 건의할 수 있겠는가?

그런데 다윗은 어떻게 알았을까? 다윗 안에서 하나님의 나카가 작동했기 때문이다. 마음의 자책, 하나님의 두드리심이 있었다. 우리 모두에게 이것이 회복되어야 한다. 다윗에게 주셨던 하나님의 나카, 하나님의 두드리심이 회복되길 바란다.

뇌 전문가인 하버드대학교의 질 테일러(Jill Taylor) 박사가 쓴 부정적 감정에 대한 글을 어떤 자료에서 보았다.

"부정적 감정의 자연적 수명은 90초이다."

우리가 어떤 부정적인 상황에서 화를 내는 순간 본능적으로 분노와 관련된 호르몬이 분비되는데, 이것은 90초면 사라진다는 것이다. 그러므로 그 후에는 호르몬 분비 때문이 아니라 스스로 화를 내기로 결정했기 때문에 분노한다. 이것이 무엇을 의미할까?

90초만 내버려두면 분노는 사라지는데, 우리가 스스로 선택하여 90초마다 자꾸 분노를 만들어내기 때문에 지속된다는 것이다. 아하수에로 왕 같은 경우는 90초마다 일어나는 분노를 지속시켜 자기 아내를 버리고 폐위시키는 어처구니없는 자리로까지 나아갔다. 이럴 수밖에 없었던 것은, 하나님 없는 인생에는 하나님의 나카, 하나님의 두드리심이 없기 때문이다.

아하수에로 왕과 같이 하나님의 통제 없이 그저 자기 감정이 내키는 대로 행동하는 인생에는 결정적인 결함이 있다. 아하수에로 왕의 모습을 통해 하나님의 통제 없는 인생의 결정적인 결함이 무엇인지 세 가지로 정리해보자.

전부 남의 탓

첫째, 하나님의 통제 없는 인생의 결정적 결함은 '책임 전가'이다. 생각해보자. 아하수에로 왕이 왕후 와스디에게 격분하고 있는데,

냉정하게 말해서 이것이 정당한 분노인가? 애초에 이런 일이 생기도록 원인을 제공한 것은 자기 자신 아닌가? 아내를 고귀한 인격체로 존중하는 것이 아니라 자기과시용으로 언제든지 불러들일 수 있는 물건처럼 취급한 것에서부터 문제가 시작된 것 아닌가? 그런 미숙한 요구를 거절하는 아내의 의견을 존중해주지 않는 미숙함에서 이런 격분이 시작된 것 아닌가?

그런데 아하수에로 왕은 모든 책임을 아내에게 전가시키고 있다. 이처럼 책임 전가는 하나님 없이 사는 인생의 강력한 특징 중 하나이다. 오늘날 한국 사회에 이처럼 비난이 난무하고 책임 전가가 넘치는 것은 영적으로 죽어 있다는 반증일 것이다.

아담이 하나님과의 관계에 문제가 없었을 때에는 자기 아내를 향해 "이는 내 뼈 중의 뼈요 살 중의 살이라"(창 2:23)라고 고백하며 기뻐했다. 그러나 하나님과의 관계가 깨지고 나자 가장 먼저 나타난 반응이 책임 전가였다.

아담이 이르되 하나님이 주셔서 나와 함께 있게 하신 여자 그가 그 나무 열매를 내게 주므로 내가 먹었나이다 창 3:12

먹지 말라고 하신 선악을 알게 하는 나무의 열매를 먹었느냐고 추궁하시는 하나님의 질문에 아담은 그 책임을 자기 아내에게 돌린다. 한술 더 떠서 아내를 주신 하나님께 책임을 전가한다.

"당신이 이 여자를 내게 주셔서 만나게 하신 것 아닙니까? 내가 무슨 잘못입니까?"

이것은 하와도 마찬가지이다. 범죄한 이후에 하와는 "네가 어찌하여 이렇게 하였느냐" 하시는 하나님의 추궁에 이렇게 변명한다.

여자가 이르되 뱀이 나를 꾀므로 내가 먹었나이다 창 3:13

이처럼 타락한 이후의 아담과 하와는 모든 걸 남의 탓으로 돌리는 모습을 보인다. 물론 그 변명이 완전히 틀린 것은 아니지만, 그때 아담과 하와가 하나님께 무릎 꿇고 "저의 어리석음으로 이런 결과가 일어났습니다" 하고 회개했더라면 얼마나 좋았을까? 이런 책임 전가의 모습은 아담과 하와의 타락 이후로 우리 인생에 나타나는 특징이 되어버렸다.

가끔 후배들에게 이런 농담을 하곤 한다.

"어떤 때는 마귀도 좀 억울할 것 같다. 자기 스스로 잘못해놓고 다 마귀의 유혹 때문이라고 책임을 떠넘기니 말이다."

물론 농담이지만, 우리가 하나님 앞에서 영적으로 얼마나 충만한가를 점검하는 잣대 중 하나가 바로 '내 안에는 책임 전가가 얼마나 일어나고 있는가? 남을 향한 원망이 넘치는가, 사라지고 있는가?'이다. 다윗처럼 하나님이 그 삶의 중심이 되는 인생은 가정과 공동체 안에서 책임 전가가 없다.

대화가 필요해

둘째, 하나님의 통제 없는 인생의 결정적인 결함은 '대화하지 않는 태도'이다. 자신의 요구에 불응하는 아내의 태도에 화가 난 아하수에로 왕은 어떻게 행동하는가?

왕이 사례를 아는 현자들에게 묻되 에 1:13

지금 일어난 일은 근본적으로 부부 사이에서 일어난 문제이다. 자기 아내를 불러서 많은 사람들 앞에서 그 미모를 자랑하고 싶었는데, 그에 협조해주지 않은 아내 때문에 화가 난 것 아닌가? 그러면 왕이기 이전에 남편으로서 둘만의 장소에서 아내와 만나 대화를 통해 풀어야 할 것 아닌가?

"당신 왜 그랬소? 난 당신의 미모를 뽐내고 싶었는데, 그게 그렇게 어려웠소?"

"그럼 당신이 나를 인격적으로 대하지 않고 물건처럼 취급한 것이 옳았다는 것인가요?"

이렇게 대화하다 보면 서로에 대한 실수를 깨닫고 오해도 풀 수 있었을 것이다. 그러나 아하수에로 왕은 당사자인 아내와 대화를 통해 문제를 해결하려 들지 않고 다른 사람을 찾아간다. 바로 여기서부터 어긋난 것이다.

에스더서를 읽다 4장에서 아하수에로 왕의 이 모습과 너무나 대조되는 에스더의 모습을 발견했다. 4장에 보면 에스더와 사촌오빠인 모르드개 사이에 의견이 갈리는 일이 일어난다.

에스더의 시녀와 내시가 나아와 전하니 왕후가 매우 근심하여 입을 의복을 모르드개에게 보내어 그 굵은 베 옷을 벗기고자 하나 모르드개가 받지 아니하는지라 에 4:4

1장의 아하수에로 왕의 상황과 비슷하다. 그러나 에스더의 태도는 어땠는가?

에스더가 왕의 어명으로 자기에게 가까이 있는 내시 하닥을 불러 명령하여 모르드개에게 가서 이것이 무슨 일이며 무엇 때문인가 알아보라 하매 에 4:5

에스더는 사람을 보내어 무슨 일인지 알아보게 했다. 대화를 시도한 것이다. 아무것도 아닌 것 같아도 이것이 하나님이 그 중심에 있는 사람인지 아닌지, 하나님이 그 중심에 있는 가정인지 아닌지를 구별하는 결정적인 잣대이다.

묵언수행 중인 부부들
오늘날 가정에서 일어나는 많은 문제들은 대화의 단절 때문에 일어난다. 이것을 잘 아는 사탄은 책임 전가를 부추겨 부부간의 대화를 단절시킨다. 얼마나 많은 가정에서 이렇게 서로를 원망하고 있는가?

"저 사람하고는 대화가 안 돼. 차라리 내가 말을 말지, 대화 백 번 한다고 저 사람이 바뀌겠어?"

만일 우리 가정에 어떤 치명적인 문제가 발생했다면, 그 배후에 대화의 부족이 있지는 않은지 살펴야 한다. 사탄이 대화를 방해하고 있다는 것을 알아야 한다.

어느 기사를 보니 우리나라 부부의 평균 대화 시간이 하루에 30분도 채 안 된다고 한다. 사실 새로운 이야기도 아니다. 그런데 그 기사 제목이 재미있었다.

"부부 평균 대화 시간, 하루 30분도 안 해. 38% 묵언수행 중."

더 흥미로운 기사를 봤다. 다른 기자가 쓴 기사인데, 이혼 수속 중인 부부들과 신혼여행을 떠나는 신혼부부들의 특징을 비교했다. 기자가 이혼 법정에 앉아 있는 사람들에게 왜 이혼을 생각하게 되었는지 그 이유를 묻자 공통적으로 '대화 부재 때문'이란 대답이 들려왔다. 그리고 공항으로 가서 신혼여행을 떠나는 신혼부부들을 대상으로 조사했더니 신혼부부에게도 공통점이 하나 있었다. 그것은 하루에 3시간 이상 대화한다는 것이었다.

우리가 어쩌다 이렇게 되었을까? 하루에 3시간씩 대화하던 신혼부부가 왜 묵언수행 중으로 바뀌었을까? 나는 이것이 영적인 문제라고 생각한다. 가정의 문제를 부부간의 대화와 소통으로 풀지 않고 자꾸 현자를 찾아 밖으로 나가는 것, 이것이 바로 문제의 원인이다. 성령께서 우리의 영안을 열어주셔서 가정의 모습을 제대로 들여다볼 수 있는 은혜를 주시기를 기도한다.

원하는 것만 듣는 고집불통

셋째, 하나님의 통제 없는 인생의 결정적인 결함은 '고집불통'이다. 이미 나눈 것처럼, 아하수에로 왕이 와스디에게 분노함으로 시작된 문제가 당사자인 아내와의 대화를 통해 풀지 않고 현자를 찾아감으로 인해 확대되었다. 그런데 이 부분을 묵상하다가 정말 중요한 단어를 하나 발견했다.

> 그때에 왕에게 가까이 하여 왕의 기색을 살피며 에 1:14

왕이 현자들을 찾아가 해결책을 묻자, 그들이 어떤 태도를 취했는가? 그들은 왕의 기색을 살폈다. 즉, 아하수에로 왕에게 정답을 말해준 것이 아니라 왕의 눈치를 살피며 왕이 듣고 싶은 말을 해준 것이다. 이처럼 그들은 그럴듯한 이유들을 대가며 "헤어지소서! 폐위시키소서!"라고 말했지만, 그것은 그저 구실에 불과했다.

그리고 아하수에로 왕은 그들의 말을 그대로 수용했다. 현자들의 말이 옳았기 때문이 아니라 이미 마음으로 자기 아내를 버리기로 결심한 상태였기에, 이미 그렇게 다 결정해놓고 현자를 끌어들여서 자신의 결정을 합리화시킨 것이다.

이런 아하수에로 왕의 모습을 통해 알 수 있는 한 가지가 있다. 고집불통, 이것은 하나님 없는 인생의 강력한 특징이다. 아하수에로 왕은 이미 모든 것을 자기 입맛에 맞게 결정해놓았다. 그 잣대를 절대로 버리지 않으면서 자기 행동이 정당하다는 것을 증명하기 위해 현자들을 끌어들이고 있다.

우리에게는 이런 굳은 마음이 없는가? 우리 내면에도 이런 태도가 있음을 자각해야 한다. 그래야 우리 마음에 들려주시는 성령님의 책망이 들리기 시작한다.

'네가 얼마나 고집불통인지 알아? 가정에 어려움이 있는 것은 네 배우자나 아이들 때문이 아니라 단단하게 굳어 있는 네 고집 때문이야!'

다른 사람이 문제가 아니다. 내가 문제이다. 나의 고집이 문제이다. 이것을 깨달아야 한다.

목회자이기 이전에 나 역시 하나님 앞에서 연약한 인간이기에 늘 간절히 기도한다. 나의 고집불통 때문에 정답을 제대로 바라보지 못하고 나만의 잣대에 갇혀 엉뚱한 결론을 내리지 않게 해달라고, 내 생각과 내 감정이 아니라 정답을 따라 사는 인생이 되게 해달라고 말이다.

아하수에로 왕에게서 볼 수 있는 하나님의 통제 없는 인생의 특징이 혹시 우리 안에도 있지 않은가? 우리 자신의 모습을 면밀히 살펴야 한다.

무슨 일만 생기면 남에게 책임을 떠넘기고 있지는 않는가? 사소한 일에 날마다 분노가 치밀어 오르지는 않는가? 그 분노가 정말 정당한 분노인가? 누군가와의 관계에서 문제가 발생했는데, 대화를 회피하고 있지는 않는가? '내가 옳아. 저 사람과는 대화가 안 돼' 하면서 마음을 닫아버리진 않았는가? 만일 그렇다면 우리의 이 태도 때문에 사탄에게 농락당하고 있다는 사실을 알아야 한다.

그런가 하면, 한번 마음에 결정하고 나면 누구의 말도 듣지 않는 고집불통은 없는가? 그래서 설령 대화의 자리로 나아간다 해도 이미 마음속으로 결론을 다 내려놓고 그것을 합리화하기 위해 다른 사람을 끌어들이고 있지는 않는가?

우리는 아픈 마음으로 자신의 마음을 살피며 기도해야 한다. 그리고 그와 함께 꼭 기억해야 할 것은 이 일을 도우시는 분이 성령님이시란 것이다.

이와 같이 성령도 우리의 연약함을 도우시나니 우리는 마땅히 기도할 바를 알지 못하나 오직 성령이 말할 수 없는 탄식으로 우리를 위하여 친히 간구 하시느니라 롬 8:26

성령님이 말할 수 없는 탄식으로 우리의 마음 문을 두드려주시기를, 나카의 은혜가 있기를 간절히 바란다. 그래서 주님의 간섭하심이 있는 인생이 되기를, 하나님이 우리의 중심 되어주시는 인생이 되기를 바란다.

에스더서 2장 5-11절

도성 수산에 한 유다인이 있으니 이름은 모르드개라 그는 베냐민 자손이니 기스의 증손이요 시므이의 손자요 야일의 아들이라 전에 바벨론 왕 느부갓네살이 예루살렘에서 유다 왕 여고냐와 백성을 사로잡아 갈 때에 모르드개도 함께 사로잡혔더라 그의 삼촌의 딸 하닷사 곧 에스더는 부모가 없으나 용모가 곱고 아리따운 처녀라 그의 부모가 죽은 후에 모르드개가 자기 딸같이 양육하더라 왕의 조서와 명령이 반포되매 처녀들이 도성 수산에 많이 모여 헤개의 수하에 나아갈 때에 에스더도 왕궁으로 이끌려 가서 궁녀를 주관하는 헤개의 수하에 속하니 헤개가 이 처녀를 좋게 보고 은혜를 베풀어 몸을 정결하게 할 물품과 일용품을 곧 주며 또 왕궁에서 으레 주는 일곱 궁녀를 주고 에스더와 그 궁녀들을 후궁 아름다운 처소로 옮기더라 에스더가 자기의 민족과 종족을 말하지 아니하니 이는 모르드개가 명령하여 말하지 말라 하였음이라 모르드개가 날마다 후궁 뜰 앞으로 왕래하며 에스더의 안부와 어떻게 될지를 알고자 하였더라

하나님의
일하심에 부응하라

이해 못할 사랑, 그 안에 담긴 하나님 사랑

에스더서 2장에서는 폐위된 와스디를 대신할 새로운 왕후를 뽑는 과정이 그려지고 있다. 신하들의 제안에 따라 페르시아 전역에서 아름다운 여자들을 모아서 그중에 가장 왕의 눈에 드는 처녀를 새 왕후로 선발하기로 결정한다. 그리고 그 과정을 거쳐 에스더가 새 왕후로 선발된다.

그런데 여기서 우리가 주목해야 할 것은, 에스더가 새로운 왕후로 선발되는 과정 속에 하나님이 개입하고 계시다는 것이다. 이미 말한 것처럼, 에스더서에는 '하나님'이란 단어가 한 번도 나오지 않는다. 그러나 어느 성경보다 에스더서 안에는 하나님의 일하심과 숨결이 가득 담겨 있다.

헤개가 이 처녀를 좋게 보고 은혜를 베풀어 몸을 정결하게 할 물품과 일용품을 곧 주며 또 왕궁에서 으레 주는 일곱 궁녀를 주고 에스더와 그 궁녀들을 후궁 아름다운 처소로 옮기더라 에 2:9

왕에게 선보일 처녀들 중 한 명이었던 에스더는 특별한 사랑을 받았다. 에스더가 받은 사랑을 묘사한 구절에 '은혜'라는 단어가 사용되었는데, 이를 원어로 보면 우리에게 익숙한 '헤세드'란 단어이다. 구약에서 '헤세드'는 인간을 긍휼히 여기시는 하나님의 성품을 나타낼 때 주로 사용되었다. 15절에도 이 단어가 나온다.

모르드개의 삼촌 아비하일의 딸 곧 모르드개가 자기의 딸같이 양육하는 에스더가 차례대로 왕에게 나아갈 때에 궁녀를 주관하는 내시 헤개가 정한 것 외에는 다른 것을 구하지 아니하였으나 모든 보는 자에게 사랑을 받더라 에 2:15

'사랑을 받더라' 할 때의 '사랑'도 '헤세드'이다. 이것을 원문 그대로 직역하면 "그녀는 모든 이들의 눈에 헤세드를 얻었다"이다. 그리고 17절에도 이 단어가 쓰이고 있다.

왕이 모든 여자보다 에스더를 더 사랑하므로 그가 모든 처녀보다 왕 앞에 더 은총을 얻은지라 왕이 그의 머리에 관을 씌우고 와스디를 대신하여 왕후로 삼은 후에 에 2:17

이 구절에 나오는 '은총'이란 단어를 원어로 보면 두 단어로 되어 있다. '은총'을 뜻하는 '헨'이란 단어와 '은혜'를 뜻하는 '헤세드'란 단어이다. 우리말 성경은 이것을 '은총'이라는 한 단어로 번역했지만, 원어에 충실하게 번역하자면 두 단어를 다 담아줘야 한다.

"그가 모든 처녀보다 왕 앞에 더 '은총과 은혜'를 얻은지라."

원어 성경은 왜 비슷한 뜻의 두 단어를 연거푸 사용했을까? 그것은 지금 에스더가 기대할 수 없는 사랑을 받았음을 강조하기 위한 반복법으로, 그 안에 하나님의 사랑이 개입되어 있다는 것을 강조하기 위해서 아니겠는가?

이 모든 것을 종합해볼 때, 에스더서를 기록한 성경 기자는 에스더가 새 왕후가 되는 과정에서 과분한 사랑을 받고 있으며, 그것이 에스더가 예뻐서 혹은 갖춘 게 많아서 뿐만이 아니라 그 안에 하나님의 개입하심과 일하심이 담겨 있음을 강조하고 있는 것이다.

우리는 이것을 보며 무엇을 확신해야 하는가? 직접적으로 '하나님'을 언급하지 않아도 역사의 배후에서 일하시는 하나님의 숨결이 이토록 살아 있는 에스더서를 보면서, 지금도 일하고 계시는 하나님을 믿어야 한다. 심지어 아하수에로 왕이 잘못된 처신과 행동으로 어긋난 길을 걷고 있는 상황조차도 장차 이스라엘 민족에게 일어날 위기에 대처하는 대반전의 길로 인도하고 계신 하나님이 지금 우리의 상황을 이끌고 계심을 확신해야 한다.

지금 한국 교회의 상황이 아무리 어려울지라도 하나님께서 여전히 일하고 계심을 믿어야 한다. 그 하나님을 신뢰하며 나는 늘 이런 기도를 드린다.

"하나님, 오늘날 저 같은 목회자가, 또 예수를 잘 믿는다고 하는 크리스천들이 아하수에로 왕처럼 중심 없이 살다보니 한국 교회가 어긋난 길로 걸어가 에스더서 1장과 같은 혼미한 상황에 놓였습니다. 그러나 하나님이 에스더서 2장에서 일하셨던 것처럼 오늘 이 한국 교회를 위해 일하여주시기를 원합니다. 어디선가 이 시대의 에스더를 준비시켜주심을 믿습니다. 순결한 에스더와 같이 하나님의 사람이 일어나 이 시대와 민족을 위해 쓰임 받는 놀라운 역사가 일어날 줄 믿습니다!"

이 사실을 믿는다면 우리는 어떤 마음의 소원을 가져야 하는가? 이왕이면 그 에스더가 우리 교회에서 혹은 우리 가정 안에서 준비되길 바라는 마음을 가지고 기도해야 하지 않겠는가?

"하나님! 우리 교회 안에서, 우리 가정 안에서, 우리 자녀들 가운데 이 시대의 에스더가 준비되는 은혜를 허락해주옵소서!"

이것이 우리 모두의 기도제목이 되길 바란다. 하나님이 일하실 것이라는 확신, 바로 이것이 작동되는 것이 믿음이다.

사람의 열심이 아니라 하나님의 열심

이런 측면에서 이사야서에 나오는 '하나님의 열심'에 대한 말씀을 보자.

그 정사와 평강의 더함이 무궁하며 또 다윗의 왕좌와 그의 나라에 군림하여 그 나라를 굳게 세우고 지금 이후로 영원히 정의와 공의로 그것을 보존하실 것이라 만군의 여호와의 열심이 이를 이루시리라 사 9:7

이 표현의 배경이 바로 앞의 6절에 나와 있다.

이는 한 아기가 우리에게 났고 한 아들을 우리에게 주신 바 되었는데 그의 어깨에는 정사를 메었고 그의 이름은 기묘자라, 모사라, 전능하신 하나님이라, 영존하시는 아버지라, 평강의 왕이라 할 것임이라 사 9:6

예수 그리스도께서 이 땅에 오시는 것이 어떻게 가능한가? 하나님의 열심 때문에 가능하다.

오늘도 그 하나님의 열심이 이 땅에서 그분의 뜻을 이루실 것이다. 교회에서 눈에 보이는 사람인 담임목사만 보이고 하나님의 일하심이나 손길이 보이지 않는다면 바로 이것이 변질이고 타락이다. 그렇기 때문에 우리는 교회의 머리 되시고 하나님 열심의 결정체 되시는 예수 그리스도께서 교회를 다스리시도록 해야 한다. 성도들이 그 예수님을 볼 수 있도록 도와야 한다. 가정도 마찬가지이다. 때로는 경험 많고 똑똑한 부모가 자녀들의 삶에 지나치게 개입하여 간섭하는 것이 자녀들의 삶에 화근이 될 수 있다. 성도들 가정 중에 이런 가슴 아픈 사례들이 의외로 많다.

언젠가 미국에 계신 어머니와 통화하는데, 어머니가 이런 말씀을 하셨다.

"요즘 젊은 엄마들 보면 정말 대단하더구나. 자녀를 위해서 정말 많은 노력을 하는 것 같아. 그리고 보면 나는 너한테 해준 게 너무 없어서 미안하구나."

90세가 넘으신 어머니가 이렇게 말씀하시며 미안해하시기에 바로 이렇게 말씀드렸다.

"어머니, 해준 게 없어서 미안해하시는 것은 어머니의 마음이지만, 저는 오히려 그것 때문에 어머니께 감사드려요. 요즘 부모들처럼 과잉보호하지 않고 독립심을 길러주신 덕분에 오늘의 제가 있을 수 있었어요. 그것은 어머니가 미안해하실 일이 아니라 긍지를 가지실 일입니다."

정말 그렇다. 품안의 자식이라고, 모든 걸 내가 어떻게 해보려고 안달복달하는 것이 화근이다. 열심이 지나쳐 하나님을 제쳐두고 내가 어떻게 해보겠다고 나서는 것이 문제라는 말이다. 내 가정을 향한, 내 자녀를 향한 하나님의 열심을 믿어야 한다.

오늘도 일하시는 하나님의 열심, 그 열심이 예수 그리스도를 이 땅에 보내셨다. 우리의 열심이 아니라 하나님의 열심이 보내신 예수 그리스도께서 우리의 가정을 다스려주시도록 그분께 보좌를 내어드릴 때 가정이 회복되는 역사가 일어날 줄 믿는다.

하나님의 일하심에 부응하는 인생

그런가 하면 우리가 기억해야 할 또 다른 것이 있다.

> 왕의 조서와 명령이 반포되매 처녀들이 도성 수산에 많이 모여 헤개의 수하에 나아갈 때에 에스더도 왕궁으로 이끌려 가서 궁녀를 주관하는 헤개의 수하에 속하니 에 2:8

이 구절에 나오는 3개의 동사, '나아갈 때'와 '이끌려 가서'와 '속하니'에 주목해보자. 흥미로운 것은 이 세 개의 동사가 다 수동태라는 점이다. 그런데 이어지는 9절부터는 에스더의 행동과 관련된 동사가 다 능동태로 표현되고 있다.

> 헤개가 이 처녀를 좋게 보고 은혜를 베풀어 몸을 정결하게 할 물품과 일용품을 곧 주며 또 왕궁에서 으레 주는 일곱 궁녀를 주고 에스더와 그 궁녀들을 후궁 아름다운 처소로 옮기더라 에 2:9

이 부분을 원어 성경으로 보면, 앞부분에 우리말 성경에는 생략된 표현이 있다. 원어는 이 말씀이 "그녀가 그를 기쁘게 했다"라고 시작된다. 그래서 영어성경에도 보면 9절 앞부분에 "The girl pleased him"이란 표현이 나온다. 즉, 에스더가 능동적으로 헤개를 기쁘게 했다는 뜻이다.

8절까지는 다 수동태이다. 에스더가 수산에 끌려간 것은 자의로 간 것이 아니다. 당시 상황에 따라 타의로 이끌려간 것이다. 그러나 그 이후 그곳에서 일어나는 일들에 대해서는 에스더가 상황에 끌려다니는 것이 아니라 능동적이고 적극적으로 그 상황에 대처하는 모습을 보여주고 있다. 성경 기자는 동사의 능동태와 수동태 표현을 통해 의도적으로 이 사실을 부각시킨다.

우리는 하나님의 일하심에 부응하는 인생이 되어야 한다. 어떤 인생이 하나님의 일하심에 부응하는 인생인가? 자기 환경에 무너져 매일 원망하고 불평하고 끌려다니는 인생이 아니라, 에스더와 같이 어쩔 수 없이 속하게 된 환경이지만 그 안에서 능동적이고 적극적으로 대처하며 하나님의 뜻을 이루어가는 인생이다.

수동적으로 처했어도 능동적으로 대처하기

나는 23세에 모든 가족이 이민을 간 경우로 미국에 가서 만 7년을 살면서 단 한순간도 미국 생활을 즐거워한 적이 없었다.

'가족들이 미국에 가자고 하니 어쩔 수 없이 따라온 것이지, 나는 한국이 좋아.'

이런 생각만 하며 미국 생활에 적응할 생각을 안 하고 살았다. 지금 돌아보면 이것이 정말 후회가 된다.

그러나 에스더는 그러지 않았다. 비록 가슴 아픈 상황으로 타의에 의해 시작된 타국 생활이었지만, '일단 왔으니 적극적으로 잘 적응하여 이곳에서 하나님이 주신 꿈을 펼쳐보자' 했던 것이 에스더의 모습이다. 이것이 에스더의 귀한 모습이다. 그리고 이런 사람이 하나님의 일하심에 부응하는 인생이다. 이 자세가 에스더가 쓰임 받는 자리에 있게 했다.

결혼한 자매들이 자주 이런 한탄을 한다.

"내가 판단을 잘못했지. 내가 어쩌자고 이런 남자에게 시집와서 이 고생을 하고 있담!"

오죽 답답하면 그런 한탄을 하겠는가마는, 더 노력해야 한다. 한탄만 하고 있지 말고 가정의 회복을 위해 더 많이 노력해야 한다. 기왕에 그 남자와 결혼했으면 맞춰서 잘 살아가야지, 만날 이런 불평이나 하고 있다면 그것은 하나님의 일하심에 부응하는 인생이 아니기 때문이다. 자기 환경에 무너져 '이건 이래서 안 되고, 저건 저래서 안 돼'라고 매일 비판만 할 것이 아니라, 지금 그 자리에서 최선을 다하는 태도가 필요하다.

이런 면에서 내비게이션 안내 아주머니(?)에게 배울 것이 참 많다. 생각해보라. 내비게이션은 누구를 원망하는 법이 없다. "우회전입니다"라고 했는데 운전자가 못 알아듣고 좌회전한다고 해서 "아니, 왜 엉뚱한 길로 가서 고생을 시켜?" 하면서 구시렁거리는 법이 없다. 우회전해야 하는데 잘못해서 좌회전하면, 다시 가장 최선의 길을 찾아 가르쳐준다.

그럴 마음도 없으면서!

나 역시 능동적인 삶을 살기 위해 많은 애를 쓴다. 사실 분당우리 교회의 담임목사로 살아가는 것이 꽤 버거울 때가 있다. 더군다나 주일 설교는 내게 큰 부담이다. 말씀을 전하는 일에 은사를 가진 목사님들의 얘기를 들어보면 설교 준비가 그리 어렵지 않다는데, 나는 그렇지가 않다. 그렇기 때문에 정말 집요하게 설교를 준비한다.

월요일 새벽부터 주일 예배의 강단에 올라가는 그 시간까지, 단 한순간도 설교에 대한 생각을 내려놓기가 어렵다. 더군다나 토요일이 되면 밤늦도록 설교 원고를 작성하는 데 시간을 보낸다.

주일날도 마찬가지이다. 1부 예배를 마치면 나는 바로 1부 설교 원고를 찢어버린다. 설교를 하다보면 하나님께서 미처 깨닫지 못한 영감을 많이 주시기 때문이다. 그 깨달음을 2부 예배에 반영하기 위해 1부 예배 직후에 다시 컴퓨터 자판을 두드린다. 2부 예배를 마친 직후에도 마찬가지로 원고를 찢어버리고는 다시 컴퓨터 자판을 두드린다. 같은 이유에서이다.

내가 왜 원고를 찢는가 하면 배수의 진을 치기 위해서이다. 그렇지 않아도 수면 시간도 부족하고 피곤한 상태이기 때문에 그냥 그대로 넘어가자는 마음의 유혹이 있기 때문에, 원고를 찢는 배수의 진을 친다. 엿새 동안 힘든 세상살이로 지쳐 있는 성도들에게 조금이라도 더 좋은 말씀을 드리고 싶기 때문이다.

내가 볼 때 설교를 준비하는 것은 도자기를 굽는 것과 비슷하다.

두 번만 구워도 도자기 모양은 나오지만, 세 번, 네 번, 다섯 번…, 구우면 구울수록 도자기는 더 견고해지고 광택이 난다. 이 사실을 잘 알기에 설교 준비를 적당히 할 수가 없다. 그래서 예배가 다 끝나는 주일 오후가 되면 진이 다 빠져 파김치가 되기 일쑤이다. 월요일이면 피곤함으로 근육통과 두통이 찾아올 때도 많다. 이렇게 한 주 내내 설교에 대한 부담감과 압박감으로 눌려 지낼 때가 많다. 그래서 하나님의 은혜를 구하고 또 구한다.

게다가 섬겨야 할 성도들의 숫자가 많다보니, '가지 많은 나무에 바람 잘 날이 없다'고 하루도 놀랄 소식 없이 그냥 넘어가는 날이 없다. 오늘은 이 가정에 이런 문제가 생기고, 내일은 저 가정에 저런 문제가 생기고. 그래서 한 번씩 푸념을 한다.

'아, 목회가 정말 힘들다. 내가 언제까지 이러고 살아야 하나.'

그런데 내게는 이런 약한 마음이 들 때마다 이것을 극복하는 비법이 있다. 나 자신에게 이렇게 반문하는 것이다.

'너 정말 힘드니? 목회가 정말 그렇게 힘들다면 그만두면 되잖아. 그만두고 일 많지 않은 교회로 옮기면 되잖아. 그런데 너 솔직히 그럴 마음 없잖아.'

이런 식으로 내 마음을 다잡곤 한다. 사실, 나는 나의 삶의 짐이 무겁고 힘들다고 불평해서는 안 된다고 생각한다. 내 나이 또래의 대한민국 남성치고 힘들어하지 않고 사는 사람은 아무도 없기 때문이다. 모두들 무겁고 힘든 삶을 사는 현실이다. 누구나 할 것 없이 다 무거운 짐을 지고 있다. 그러다보니 삶이 버겁다고 지르는 비명 소리가 넘치고 있다.

피할 수 없다면 맞서야 한다. 에스더처럼 하나님의 열심에 부응하는 인생이 되는 것, 최선을 다해 하나님 앞에서 능동적으로 대처하는 자세가 중요하다. 그 은혜가 우리 안에 있기를 바란다.

짓밟혀 넘어지지 말고 딛고 넘어서라

에스더처럼 하나님의 열심에 부응하는 인생이 되자면 하나님 앞에 두 가지를 구해야 한다. 우리의 힘만으로는 안 되기 때문이다.

첫째, 어려운 환경을 극복할 힘을 달라고 기도해야 한다.

에스더는 불우한 환경에서 자랐다. 사촌오빠인 모르드개가 딸처럼 키웠다는 것을 보면, 부모님이 아주 어릴 때 돌아가신 것 같다. 게다가 포로로 끌려온 상황이다. 이것만 해도 충분히 자기를 비관하며 열등감에 빠질 만하다. 그러나 에스더는 그러지 않았다.

나는 우리 아이들이나 교회의 젊은이들에게 이런 이야기를 자주 한다.

"태어나보니 환경이 안 좋을 수 있다. 집안이 찢어지게 가난하거나, 부모가 이혼했거나, 두 분 중에 한 분이 혹은 두 분 모두 돌아가셨거나 혹은 여러 가지 이유로 환경이 안 좋을 수 있다. 이렇게 불우한 환경은 양날의 검이다. 불우한 환경을 잘 딛고 넘어서면 그것이 나를 강한 사람으로 만들어주는 능력의 도구가 된다. 그러나 그 불우한 환경에 짓밟혀 넘어져버리면 그것은 내 인생을 망치는 흉기가 된다. 그런데 그 선택은 자기 자신이 하는 것이다."

다윗을 보라. 골리앗이란 괴물덩어리가 이스라엘 역사 앞에 나타났다. 골리앗 앞에 무너졌던 사울을 비롯한 이스라엘의 모든 군사들은 그 앞에서 수치를 당하고 비참한 자리에 빠졌다. 그런데 골리앗을 극복한 다윗에게는 골리앗이 가장 고마운 존재가 되었다. 사실, 골리앗이 아니었다면 시골에서 양이나 치던 목동인 다윗이 무슨 재주로 왕의 자리에까지 올랐겠는가? 다윗에게 골리앗이 없다는 것은 상상할 수 없는 일이다.

이것이 인생이다. 자기에게 주어진 어려운 환경을 딛고 일어서면 그 환경이 자기 인생을 빛나게 하는 면류관이 될 것이고, 어려운 환경에 무너지면 평생 그렇게 원망하고 불평하다가 인생 끝나는 것이다.

그래서 아이들에게 늘 강조하는 말이 있다.

"좋은 부모를 만나서 말만 하면 모든 게 다 이루어지는 것보다 더 중요한 것은 이것도 부족하고 저것도 부족하지만 그 환경을 딛고 일어서는 것이란다."

지금 우리는 우리 앞에 서 있는 골리앗을 어떤 태도로 대하고 있는가? 이스라엘의 초라한 병사들처럼 부들부들 떨며 앉아만 있는가? 아니면 그 어려운 환경이 내 인생을 비상(飛上)하게 하는 하나님의 축복이라는 생각을 하며 딛고 일어서고자 하는가?

요셉도 마찬가지이다. 아무리 배다른 형제라 해도 그렇지, 자기

동생을 질투해서 죽이려다가 죽이진 못하고 인신매매로 다른 나라에 팔아넘겼다. 그런 포악한 사람들이 어디 있는가? 요셉이 그 현실 앞에 무너져 비관했으면 우울증에 걸려 애굽 땅 어느 구석에서 자살로 자기 생을 쓸쓸히 끝냈을지도 모른다.

그런데 하나님의 은혜가 요셉 안에 들어가자 그는 애굽이란 환경에서 최선을 다했다. 얼마나 최선을 다했으면 종살이하는 처지에 한 가정의 총무가 되었겠는가? 늘 밝은 얼굴로 최선을 다하니 그런 결과가 일어난 것이다.

생각해보라. 요셉에게 그 악랄한 형제들이 아니라 정말 친절하고 좋은 형제들밖에 없었다면 그는 성경에 기록도 안 되었을 것이다. 그가 어떻게 역사의 주인공이 되고, 무슨 수로 애굽의 총리대신이 될 수 있었겠는가? 하나님을 의지하여 자기에게 주어진 어려운 환경을 극복했기에 영광스러운 결말을 맞을 수 있었던 것이다.

우리 모두 이 사실을 기억해야 한다. 특히 청년들은 반드시 명심했으면 좋겠다. 지금 우리가 어렵고 불우한 환경에 처해 있다 하더라도 그것이 흉기가 되느냐, 축복의 도구가 되느냐 하는 것은 환경이 정해주는 것이 아니라 자신이 정하는 것이다. 이것을 기억하고 다시는 나약하게 부들부들 떠는 자리에 들어가지 않기를 바란다.

그러기 위해 우리는 늘 하나님께 어려운 환경을 극복할 힘을 달라고 구해야 한다. "아버지, 내 어깨의 무거운 짐 좀 내려놓게 해주세요. 너무 무거워요" 하는 나약한 기도 말고 "주님, 이 무거운 짐을 거뜬히 지고도 남을 튼튼한 어깨를 주시기를 원합니다"라고 구하기 바란다. 그래서 환경을 뛰어넘는 우리 모두가 되기를 바란다.

우리 아이들이 사춘기를 지날 때 가끔 이런 불평을 했다.

"목사님인 아빠의 자녀로 태어나서 불편한 것이 한두 가지가 아니에요."

아빠로서 자녀에게 이런 말을 들으면 마음이 아프다. 하지만 어쩌겠나? 태어나보니 아버지가 목사인 걸 말이다. 내가 바꿀 수 없는 현실이라면 그것을 빨리 수용하여 그 상황에 적응하며 사는 것이 지혜로운 사람의 모습이다.

영혼의 복어 요리

둘째, 우리는 어려운 환경으로 인한 상처가 없기를 기도해야 한다.

앞에서 언급한 다윗, 요셉, 그리고 에스더에게는 공통점이 있다. 일단 다 어렵고 불우한 아픔을 경험했다는 것이고, 또 그것을 극복했다는 점이다. 그리고 또 하나 더 중요한 공통점이 있다. 그것은 그럼에도 불구하고 상처가 없다는 것이다.

상처는 그 사람을 묶어두는 족쇄이다. 에스더가 불우한 환경 안에서 모르드개에게 상처를 많이 받고 그 아픔을 품고 있었다면, 아마도 그녀는 매력적인 여성이 될 수 없었을 것이고, 당연히 민족을 구하는 자리에 들어가지도 못했을 것이다.

상처는 인생의 흉기이다. 나는 우리 교회 젊은 교역자들에게 "목

회를 잘 하기 위해서는 복어 요리를 잘해야 한다"는 이야기를 하곤
한다. 어릴 때 종종 복어 요리를 잘못 먹어서 목숨을 잃었다는 신문
기사를 보곤 했다. 사람들이 그렇게 위험한 복어를 왜 계속 먹는가?
그 맛을 잊을 수 없기 때문이다. 복어는 독을 잘 제거하기만 하면
어떤 생선보다도 맛있고 영양가가 높다.

나는 이것이 목회라고 생각한다. 많은 사람을 상대하는 것이 목
회이다 보니 이런 저런 오해를 많이 받는다. 때로는 의도적으로 나
를 모함하는 일도 종종 경험한다. 그럴 때마다 나는 새벽에 주님께
나아가 '복어 요리'를 한다. 나를 위해서 하는 충고가 아니라 수치
의 자리에 빠뜨리기 위한 의도된 비난이라 할지라도, 복어 요리 하
듯이 독을 잘 발라내면 그 모함을 통해서 내가 얻을 수 있는 교훈이
많음을 여러 번 경험했다.

나를 음해하고 죽이려는 독은 잘 발라내어 상처 받지 않으면서,
그 내용 속에 들어 있는 내가 귀 기울여야 할 나의 약점을 시인하고
하나님께 나아가면 하나님은 그 약점을 고쳐주시고 치유해주신다.
그래서 나는 이렇게 말하곤 한다.

"저 사람은 나를 죽이겠다고 저런 음해를 했지만 오히려 저 사람
때문에 내가 산다."

그래서 후배 교역자들에게 "목회자는 복어 요리를 잘해야 한다"
는 말을 하는 것이다. 사실, 상처 받을 수밖에 없는 상황에서 상처
받지 않고, 오히려 거기서 교훈을 얻어낸다는 복어 요리는 생각만

큼 쉽지 않다. 그러나 목회자인 나는 복어 요리에 목숨을 건다. 그리고 이것이 나의 몸부림이다.

생각해보라. 만약에 그런 상황 때문에 내가 상처구덩이 속에 빠져버리면 분당우리교회는 어떻게 되겠는가? 담임목사가 상처구덩이 속에서 허우적대고 있는데, 성도들이 어떻게 건강한 삶을 영위해 갈 수 있겠는가? 그렇기 때문에 매일같이 나를 향해 달려드는 상처를 안 받으려고 몸부림치다가 생각해낸 것이 복어 요리이다.

우리 중 누구라도 상처를 안 받고 살 수 있는 환경의 사람은 없을 것이다. 그렇기에 노력해야 한다. 어떤 상황에도 상처받지 않도록, 그 상처가 내 안에 남아 독이 되지 않도록, 오히려 그 일이 나를 성숙하게 하고 성장시킬 수 있도록, 날마다 복어 요리를 해야 한다. 누가 봐도 상처받을 수밖에 없는 상황이었지만 상처가 없다는 것, 바로 이것이 에스더와 다윗과 요셉의 경이로운 공통점이다.

상처 많은 이 세상을 살아가는 자들에게

그래서 나는 상처가 많을 수밖에 없는 이 시대의 크리스천들을 축복하고 싶다. 특히 이 땅의 젊은이들을 축복하고 싶다. 나는 정말 우리의 청년들이 상처 없이, 상처를 극복하며 성장해가기를 바란다. 그래서 누가 그 상처를 건드려도 더 이상 그것에 연연해하지 않는 하나님의 사람, 에스더와 같이 상처와 환경을 극복한 자들이 누리는 하나님의 동역자로 살아가는 기쁨을 누리게 되기를 바란다.

그리고 이미 상처 받아 아파하는 분들 역시 축복하고 싶다. 이미 상처를 받아 마음이 힘든 분들, 그 상처로 인해 계속해서 괴로워하는 분들이 있다면 시편 말씀을 기억하며 그 상처를 주님께 나아가는 도구로 사용하기를 바란다.

여호와는 마음이 상한 자를 가까이 하시고 충심으로 통회하는 자를 구원하시는도다 시 34:18

이 말씀을 다른 말로 표현하면, 상처가 하나님 앞으로 나아가는 통로가 된다는 것이다. 여기서 '마음이 상한'이란 표현을 영어로 보면 'broken heart'이다. 그냥 조금 기분이 나쁜 정도가 아니라 마음이 깨져버린 상태이다.

마음이 깨져본 적이 있는가? 나는 마음이 깨졌던 경험이 여러 번 있다. 때로는 분노와 원망으로 쓰라린 밤을 보낸 적도 많다. 이 땅을 살아가는 사람 치고 이런 쓰라림으로 마음이 깨져버린 경험을 하지 않은 사람은 아무도 없을 것이다. 지금도 그 고통의 과정을 거치고 있는 분들도 많을 것이다. 이런 분들이 기억해야 할 말씀이 있다.

하나님께서 구하시는 제사는 상한 심령이라 하나님이여 상하고 통회하는 마음을 주께서 멸시하지 아니하시리이다 시 51:17

하나님께서는 상한 심령을 구하신다. 이 말은, 깨어진 마음을 내 힘으로 치유해보겠다고 애쓰지 말고 하나님 앞에 나아가는 도구로 쓰라는 것이다. 소설가인 오스카 와일드가 이런 말을 했다.

"상한 마음을 통하지 않고 어떻게 주 예수 그리스도가 우리의 마음속에 들어올 수 있단 말인가!"

혹시 마음이 깨져버려 아프고 상한 심령이 있다면, 그 상한 마음이 주님 앞으로 나아가는 통로가 되기를 간절히 축복한다. 주님 앞에 상한 심령과 깨어진 마음을 다 꺼내놓으라.

"아버지, 내 마음이 상했습니다. 내 마음이 깨졌습니다. 내가 마음이 상해서 주님 앞에 나왔습니다."

정직하게 고백하며 그 상처를 주님 앞에 꺼내놓을 때, 깨어진 마음이 치유될 줄 믿는다. 엉뚱한 곳에 가서 깨진 마음을 하소연하거나, 엉뚱한 사람에게 가서 깨진 마음을 치료해보겠다고 하다가 상처만 덧나버린 경험이 있지 않은가? 하나님 외에 그 깨어진 마음을 치유할 수 있는 분은 없다.

우리의 모든 상처가, 우리의 모든 상한 심령이 지금 이 시간 하나님 앞에 드려지는 예배의 도구가 되기를 간절히 바란다. 그래서 그 상처가 치유되고 회복되어 하나님의 일하심에 부응하는 인생으로 새롭게 되기를 간절히 바란다.

에스더서 3장 1-6절

그 후에 아하수에로 왕이 아각 사람 함므다다의 아들 하만의 지위를 높이 올려 함께 있는 모든 대신 위에 두니 대궐 문에 있는 왕의 모든 신하들이 다 왕의 명령대로 하만에게 꿇어 절하되 모르드개는 꿇지도 아니하고 절하지도 아니하니 대궐 문에 있는 왕의 신하들이 모르드개에게 이르되 너는 어찌 하여 왕의 명령을 거역하느냐 하고 날마다 권하되 모르드개가 듣지 아니하고 자기는 유다인임을 알 렸더니 그들이 모르드개의 일이 어찌 되나 보고자 하여 하만에게 전하였더라 하만이 모르드개가 무릎 을 꿇지도 아니하고 절하지도 아니함을 보고 매우 노하더니 그들이 모르드개의 민족을 하만에게 알 리므로 하만이 모르드개만 죽이는 것이 부족하다고 생각하고 아하수에로의 온 나라에 있는 유다인 곧 모르드개의 민족을 다 멸하고자 하더라

하나님 자녀의
자존심을 지켜라

끼리끼리, 아하수에로와 하만

에스더서 3장에서 '하만'이라는 인물이 갑자기 등장한다. 그것도 권력의 한복판에.

> 그 후에 아하수에로 왕이 아각 사람 함므다다의 아들 하만의 지위를 높이 올려 함께 있는 모든 대신 위에 두니 에 3:1

이미 몇 차례 살펴본 것처럼, 아하수에로 왕은 중심 없이 뭐든지 즉흥적으로 하는 사람이었다. 귀도 얇다. 그래서 잘 흔들리는 사람인데, 갑자기 하만이란 사람을 최고 권력의 자리에 올려놓았다. 아마도 그의 이런 성격이 영향을 미쳤을 것이다.

어쨌든 권력의 중심에 하만이란 새로운 사람이 등장하는데, 흥미로운 것은 그 역시 아하수에로 왕과 같은 범주의 사람이란 것이다. 하만 역시 하나님 없이 사는 인생의 세 가지 특징인 자기과시와 허영과 분노를 보이고 있다. 이런 하만의 모습을 통해 우리가 경계해야 할 자세와 하나님 없는 사람의 특징을 살펴보자.

아하수에로 왕은 하만의 지위를 높여 모든 신하들로 하여금 그에게 무릎을 꿇어 절하도록 했다. 그런데 에스더의 사촌오빠인 모르드개는 그에게 절하지 않는다. 그러면서 벌어지는 일들이 에스더서 3장에 기록되어 있는데, 우리가 주의 깊게 살펴야 할 두 가지 포인트가 담겨 있다.

내가 제일 잘났어!

첫 번째는 하만의 '교만'이다. 하만은 자기에게 절하지 않는 모르드개에게 매우 과민한 반응을 보인다.

> 하만이 모르드개가 무릎을 꿇지도 아니하고 절하지도 아니함을 보고 매우 노하더니 에 3:5

자기에게 절하지 않는 모르드개를 보며 하만은 매우 분노했다. '내가 제일 잘났어' 하는 교만이 하늘을 찔렀기에 누구라도 자기에게 절하지 않으면 견딜 수 없었던 것이다.

그런데 그냥 화만 내고 끝낸 게 아니었다. 이렇게 시작된 분노가 어디로 이어지는가?

그들이 모르드개의 민족을 하만에게 알리므로 하만이 모르드개만 죽이는 것이 부족하다고 생각하고 아하수에로의 온 나라에 있는 유다인 곧 모르드개의 민족을 다 멸하고자 하더라 에 3:6

일이 점점 커지고 있다. 자기에게 절하지 않은 모르드개만 죽이는 게 부당하다고 느낀 하만은 온 나라의 유다인을 다 죽이겠다고 결심했다. 그런데 여기서도 끝내지 않았다.

이에 그 조서를 역졸에게 맡겨 왕의 각 지방에 보내니 열두째 달 곧 아달월 십삼일 하루 동안에 모든 유다인을 젊은이 늙은이 어린이 여인들을 막론하고 죽이고 도륙하고 진멸하고 또 그 재산을 탈취하라 하였고 에 3:13

유다인을 전부 죽이겠다는 자신의 결심을 끝내 멈추지 않고 왕의 조서를 받아 실행에 옮기게 했고, 또 그들의 모든 재산을 탈취하라고 명령했다.

여기서 무엇을 느낄 수 있는가? 하만의 분노는 모르드개가 자신을 무시하며 절하지 않는 모습에 화가 난 것에서 시작했다. 사실 이 것은 누구나 느낄 수 있는 감정이다. 그런데 이렇게 시작한 하만의 분노가 어떻게 되는가? 점점 끝 간 데 없이 커지더니 파괴적으로 폭발하고 말았다. 감정의 통제가 전혀 안 되고 있다. 하나님 없는 인생의 특징 중 하나가 바로 감정의 통제가 안 된다는 것이다. 우리는 이 부분에 주목해야 한다.

화가 나도 폭주하면 안 된다

누구나 살다 보면 기분이 나쁠 때도 있고, 화가 날 때도 있다. 하나님도 그것을 허용하신다. 그런데 중요한 것은 분노의 감정이 일어날 때 그 내면에 하나님이 계신 인생이라면 그 감정을 적절히 통제할 수 있어야 한다. 그래서 하나님은 '화'와 관련하여 이런 지침을 주셨다.

> 분을 내어도 죄를 짓지 말며 해가 지도록 분을 품지 말고 마귀에게 틈을 주지 말라 엡 4:26,27

하나님께서는 분 내는 것까지는 허락하시지만 해 질 때까지 그 분을 담아두지는 말라고 하신다. 이것이 무엇을 의미하는가? 자기 감정을 통제하고 다스리라는 것이다. 그리고 그 과정에서 마귀에게 틈을 주지 말라는 것이다. 다른 말로 하면 자신의 감정이 마귀가 아니라 하나님에 의해 통제되도록 하라는 것이다.

목회를 하면서 여러 교회를 다녀보면 정말 깜짝 놀랄 때가 많다.

교회 안의 장로님들, 권사님들, 믿음이 좋다는 성도들 중에 이것이 안 되는 분들이 너무 많기 때문이다. 신실한 장로님이지만, 그분의 행동에서 전혀 감정 통제가 안 되는 모습이 보인다. 정말 가슴 아픈 일이다.

언젠가 우리 교회의 한 집사님과 우연히 대화를 나누면서 정말 기뻤던 적이 있다. 그 집사님이 자기 남편을 이렇게 평가했기 때문이다.

"저희 남편이 교회에 다니면서 정말 믿음이 좋아졌어요. 원래 굉장한 다혈질이어서 전혀 감정 통제가 안 되었는데, 신앙생활을 시작하고 믿음이 좋아진 후로 그런 모습이 사라졌어요."

바로 이런 분이 교회 지도자가 되어야 한다. 교회에서 얼마나 열심을 내느냐 하는 것도 중요하지만, 그보다 더 중요한 것은 그가 하나님의 영향력 아래에 있느냐 하는 것이다. 하나님의 영향력 아래에 있는 사람은 하나님이 그 감정을 통제해주시기 때문에 설령 화가 날 때라도 그 감정을 조절할 수 있다.

사람이니 당연히 화가 날 수 있다. 나도 다혈질이기 때문에 잘 안다. 또 화가 나야 정상이다. 화가 날 때 무조건 화를 억제하는 게 좋은 건 아니다. 화를 잘 내는 게 중요하다. 화가 날 때 나의 감정을 하나님께서 통제해주시도록 하나님께 주도권을 내어맡기는 게 중요하다.

겸손, 주님의 마음이 있다는 증거

우리가 진짜 주님을 주인으로 모시고 산다면 자신의 감정을 주님이 다스리시도록 내어맡기는 게 당연한 도리 아니겠는가? 이것이 왜 그렇게 중요한가? 빌립보서 2장에서 사도 바울은 이렇게 말한다.

그러므로 그리스도 안에 무슨 권면이나 사랑의 무슨 위로나 성령의 무슨 교제나 긍휼이나 자비가 있거든 마음을 같이하여 같은 사랑을 가지고 뜻을 합하며 한마음을 품어 아무 일에든지 다툼이나 허영으로 하지 말고 오직 겸손한 마음으로 각각 자기보다 남을 낫게 여기고 각각 자기 일을 돌볼뿐더러 또한 각각 다른 사람들의 일을 돌보아 나의 기쁨을 충만하게 하라 빌 2:1-4

여기서 사도 바울은 "내가 최고야"라면서 교만의 극치를 보여주었던 하만의 행동과 정반대의 이야기를 하고 있다. 그는 오직 겸손한 마음으로 각각 자기보다 남을 낫게 여기라고 말하면서 겸손을 강조한다. 그리고 그것을 실행할 수 있는 구체적인 대안을 이렇게 제시한다.

너희 안에 이 마음을 품으라 곧 그리스도 예수의 마음이니 빌 2:5

나보다 남을 낮게 여기는 것은 죄성을 가진 우리의 성품이 아니다. 이것은 예수님의 성품이다. 그리스도인들이 혈기를 부리고 교만

하면 안 되는 이유가 무엇인가? 그것은 그 마음에 예수님을 품고 있지 않다는 증거이기 때문이다. 바로 이것 때문에 교만이 위험한 것이다.

우리가 예수님의 마음을 품으면 "아무 일에든지 다툼이나 허영으로 하지 말고 오직 겸손한 마음으로 각각 자기보다 남을 낫게 여기고" 교만과 거리가 먼 태도를 보여준다는 것이다. 그렇기 때문에 하만이 보여주는 것처럼 자신의 감정이 전혀 통제되지 않는 태도는 바로 그 내면에 하나님이 없다는 반증이다. 따라서 우리는 어떤 비장한 기도를 하기 전에 먼저 이 기도를 드려야 한다.

"하나님, 제가 오늘도 혈기를 부리지 않게 해주세요. 제 안의 감정을 주께서 통제하시고 다스려주세요!"

하나님께 감정의 통제권을 맡기는 것, 그것이 그 안에 예수님의 마음이 있다는 증거이다.

목숨은 내놓을지언정 고개는 숙이지 않겠다!

본문을 통해 주의 깊게 살펴야 할 두 번째 포인트는 모르드개를 통한 하나님 자녀로서의 정체성, 곧 '자존심'의 문제이다. 아마도 에스더서 3장을 읽다보면, 자연스레 이런 의문이 들 것이다.

'아니 도대체 모르드개는 왜 하만에게 절하지 않아서 일을 이렇게 크게 만드는 거지? 그냥 절하면 되잖아.'

하지만 성경에서 모르드개가 하만에게 절하지 않은 이유를 찾을 수가 없었다. 설명이 없다. 여러 주석이나 자료들이 그럴듯하게 설명을 하고 있지만 성경에 나와 있지 않으니 딱 부러지게 단정 지을 수가 없었다. 의문이 풀리지 않은 채 고심하며 성경을 보고 있는데, 본문의 한 구절에서 힌트를 얻을 수 있었다.

> 날마다 권하되 모르드개가 듣지 아니하고 자기는 유다인임을 알렸더니
>
> 에 3:4

이 구절에서 얻을 수 있는 힌트는, 모르드개가 하만에게 절하지 않은 이유가 그의 신앙과 관련 있다는 것이다. 이 말씀을 곰곰이 묵상하다보니, 모르드개가 하만에게 절하지 않은 것은 하나님의 택한 백성으로서의 자기 정체성을 지키기 위함이라는 확신이 들었다. 쉽게 말해서 자존심의 문제이다. 모르드개 입장에서 하만에게 절하지 않는 것은 자기 목숨이라도 걸 만큼 중요한 신앙인으로서의 자존심이었던 것이다.

이런 생각을 하다보니 몇 년 전에 나왔던 드라마 〈추적자〉의 한 장면이 떠올랐다. 그 드라마에서 주인공 중의 한 명인 박근형 씨가 자기 아들에게 이런 말을 했다.

"자존심은 미친년이 머리에 꽂고 있는 꽃하고 같은 기라. 암만 얼굴을 만지고 때리고 밀고 그래도 하하 웃던 아가 머리의 꽃을 만지면 살쾡이로 변해가 덤비는 기라."

그 여자에게 있어서 머리에 꽂힌 꽃은 자존심이었다. 때려도 자존심이 상하지 않고, 밀어도 괜찮았는데, 그 꽃을 건드리는 것은 자존심을 건드리는 것이기 때문에 살쾡이처럼 변한다는 것이다. 지금 모르드개에게 있어서 하만에게 절하는 문제가 바로 이 '머리의 꽃'과 같은 것이었다. 그는 자존심을 지키기 위해 목숨까지 내건 것이다.

저마다 다른 머리의 꽃

사실 사람마다 건드리면 안 되는 머리의 꽃 같은 것이 있다. 아하수에로 왕에게 머리의 꽃은 무엇이었는가? 아하수에로 왕은 아내인 와스디 왕후의 미모를 과시하고 싶어 잔치 자리에 불렀지만 아내가 그것을 거절하자 불같이 화를 냈다.

왕이 진노하여 마음속이 불 붙는 듯하더라 에 1:12

사실 그게 그렇게까지 화를 낼 일인가? 우리처럼 평범한 사람들에게는 일상 아닌가? 아내에게 '이리 좀 와달라'고 부탁했다가 거절당한다고 그때마다 아하수에로 왕처럼 화를 낸다면, 아마 제대로 유지될 가정은 하나도 없을 것이다. 그런데 아하수에로 왕이 그 일에 불같이 화를 낸 것은, 그것이 그에게 '머리의 꽃'이었기 때문이다. 왕으로서의 자존심이 건드려진 것이다.

사람마다 건들면 안 되는 자존심은 다 다르다. 누군가 나보고

"목사님의 얼굴이 잘생긴 편은 아니죠"라고 말하는 것은 내게 꽃이 아니다. 그냥 씩 웃고 넘어간다. 가끔씩 외부에서 집회를 하다보면 이런 말을 하는 분들이 종종 있다.

"목사님, 실물이 훨씬 낫네요!"

그러면 농담으로 이렇게 응수한다.

"아니, 내가 내 실물을 아는데, 그렇다면 화면이 그렇게 못생기게 나온다는 말입니까?"

나의 외모에 대한 이야기가 나올 때 이처럼 농담으로 넘길 수 있는 것은, 그것은 내 머리의 꽃이 아니기 때문이다. 사람마다 머리의 꽃은 다 다르다.

좀 높은 데 둘 순 없을까?

여기서 한 가지 질문을 던지고 싶다. 아하수에로 왕에게는 아내가 자신의 명령에 거역한 것이 머리의 꽃이었다. 아내를 폐위시킬 만큼 말이다. 또 모르드개에게 있어서는 하만에게 절하는 문제가 하나님의 사람으로서 자기 목숨을 걸 만큼 중요한 자존심이었다. 그렇다면 도대체 크리스천인 우리의 머리에 꽂힌 꽃은 무엇이어야 하는가? 우리는 무엇 때문에 격분하는가? 외모인가, 경제력인가, 스펙인가?

교회에서 소그룹 모임을 하기 위해 누군가의 집에서 모이고자 할 때 "저희 집은 작고 초라해서 오픈하기가 민망합니다"라는 말이 들려오면 억장이 무너진다. 크리스천으로서 자기 집이 몇 평인 것이 머리의 꽃이 될 수 있단 말인가?

오늘 우리가 머리의 꽃으로 삼고 있는 것이 무엇인지 돌아보자. 혹시 너무 하찮은 것에 집착하며 절대 건들면 안 되는 꽃으로 삼고 있는 것은 아닌가? 너무 하찮은 것을 머리의 꽃으로 삼고 있는 나머지 아하수에로 왕처럼 별 것 아닌 일에 불같이 화를 내며 자기 아내를 폐위시키는 허망한 일을 벌이고 있는 것은 아닌가 말이다.

오늘날 우리의 자존심은 무엇인가? 무엇 때문에 그렇게 마음이 상하는가? 자존심을 좀 더 높은 데 둘 수는 없을까? 꼭 그렇게 낮은 데 두어서 매일 자존심 상한다고, 매일 짓밟힌다고 분노하고 격분해서 되겠는가? 어지간한 일에는 상하지 않도록 우리의 자존심을 좀 높은 데 둘 수는 없겠는가?

이런 차원에서, 오늘날 우리가 크리스천으로서 지켜야 할 자존심은 이 말씀이 되어야 한다고 생각한다.

보라 아버지께서 어떠한 사랑을 우리에게 베푸사 하나님의 자녀라 일컬음을 받게 하셨는가, 우리가 그러하도다 요일 3:1

이 말씀은 바로 이런 뜻이다.

"남들은 모르겠지만, 남들이 보기엔 시시해 보일지 모르겠지만 내 속사람은 그렇게 시시하게 볼 사람이 아니야! 예수 그리스도의 십자가로 내 속사람이 변화되어 난 하나님의 자녀가 되었어. 난 그런 사람이야!"

'우리가 그러하도다!', 바로 이 긍지가 우리의 자존심이 되어야 할 줄 믿는다. 이 자존심이 회복되면 어떤 열매가 나타나는가?

> 주를 향하여 이 소망을 가진 자마다 그의 깨끗하심과 같이 자기를 깨끗하게
> 하느니라 요일 3:3

바로 이것이 이 시대에 우리의 자존심이 되어야 한다. 현실을 보면 많은 사람들이 자기 배우자 한 사람으로 만족하지 못하고 바람을 피우고 연애한다고 난리이다. '부어라, 마셔라' 하며 술을 마시고 '2차를 가네, 3차를 가네' 하며 정신이 없다. 언젠가는 우리나라 정치계의 거물급 인사가 젊은 여성을 성추행하여 물의를 일으킨 적이 있는데, 자신이 뭘 잘못했는지를 잘 모르겠다는 그 분의 반응에 충격을 받은 적이 있다.

이런 타락의 시대를 살고 있는 우리이기에 더더욱 "주를 향하여 이 소망을 가진 자마다 그의 깨끗하심과 같이 자기를 깨끗하게 하느니라" 하는 말씀을 지켜야 한다. 이것이 우리가 지켜야 할 자존심이 되어야 한다. 바로 이것이 우리 머리에 꽂힌 꽃이 되어야 한다.

다 그렇게 산다며 당신도 바람 피우고 애인을 만들어 연애하라고 권면할 때 "난 하나님의 사람이기 때문에 나에게 여자는 아내 외에

없다!"라고 선언할 수 있는 것이 우리의 자존심이 되어야 한다. 저마다 과소비하고, 흥청망청 제멋대로 돈을 쓰고, 부익부 빈익빈이 당연시되는 타락한 자본주의 세상에서 "내 돈이라고 내 맘대로 쓸 수 있는 것이 아니다. 아끼고 절약하고 함께 나눠야 한다"고 선언할 수 있는 것이 우리의 자존심이 되어야 한다.

우리가 짓밟아버린 머리의 꽃은 무엇인가? 모르드개가 목숨을 걸고 지키고자 했던 하나님의 사람으로서의 자존심, 그것이 우리에게 있는가?

크리스천으로서의 품위

내가 우리 교회의 교역자들에게 신신당부하는 것이 있다. dignity, 즉 품위를 지키라는 것이다. 나는 영어로 'dignity'란 단어를 굉장히 중요하게 생각한다. 우리말로 하면 '품위, 명예'란 뜻이다. 나는 목사가 품위를 잃으면 모든 것을 다 잃는 것과 같다고 생각한다.

그래서 후배들에게 이런 조언을 자주 한다.

"제발 소탐대실하지 말라. 돈 몇 푼 때문에 품위 잃는 짓을 하면 안 된다."

이런 우스갯소리가 있다. 우리나라에서 입만 가지고 다니는 사람이 셋 있는데, 바로 정치가, 기자, 목사라고 한다. 어느 날 정치가와 기자와 목사가 만나 식당에서 밥을 먹었다. 그런데 밥값을 누가 냈겠는가? 식당 주인이 냈다고 한다.

이런 우스갯소리가 교회 안에서 오간다는 것은 그 이야기가 정치가나 기자를 타깃으로 하는 것이 아니라 목사를 빗대어하는 것일 테다.

나는 교회에서 이런 우스갯소리가 돌고 있다는 사실에 자존심이 상한다. 돈 몇 푼 때문에 품위를 잃어버리는 것이 얼마나 어리석은 일인가? 그래서 우리 교회 목회자들은 식당에서 성도들을 만나면 얼른 성도들의 밥값까지 계산하는 경우가 많다. 목회자가 성도들 밥 사준다고 해서 큰 일 안 난다. 사례비를 얼마 받고, 무슨 차를 타고 다니고 하는 것이 목회자의 품위가 아니다. 바로 돈 때문에 자존심 버리는 일이 없는 것, 경차를 타더라도 하나님의 일꾼으로서의 긍지를 갖는 것이 목회자가 지켜야 할 품위라고 믿는다.

정말 진지하게 묻고 싶다. 무엇이 우리 머리의 꽃인가? 뭐가 우리가 지켜야 할 품위인가? 오늘 우리가 품위를 잃고 살기 때문에 한국 교회가 이런 수치의 자리에 빠진 것 아닌가? 우리는 크리스천으로서 이 자존심을 잃지 말아야 한다.

"주를 향하여 이 소망을 가진 자마다 그의 깨끗하심과 같이 자기를 깨끗하게 하느니라."

창문을 열자

성경을 보면 모르드개처럼 당당하고 멋진 신앙인의 모습을 보여주는 인물들이 정말 많다. 다니엘을 한번 보라. 겉으로 봤을 때 다니엘은 비참한 인생이었다. 나라는 망하고 포로로 끌려와 있는 상황이다. 그런 상황에서도 다니엘은 하나님의 사람으로서의 품위와 자존심을 절대 굽히지 않았다.

그런데 다니엘을 시기하던 정적들이 음모를 꾸몄다. 누구라도 왕 외의 사람이나 신에게 머리를 조아리고 구하면 사자 굴에 던지는 법령을 만든 것이다. 이런 상황에서 다니엘이 어떻게 행동하는가?

> 다니엘이 이 조서에 왕의 도장이 찍힌 것을 알고도 자기 집에 돌아가서는 윗방에 올라가 예루살렘으로 향한 창문을 열고 전에 하던 대로 하루 세 번 씩 무릎을 꿇고 기도하며 그의 하나님께 감사하였더라 단 6:10

여기에 나오는 '창문을 열고'라는 말에는 많은 의미가 함축적으로 담겨 있다. 그렇게 위험한 상황인데, 기도하더라도 창문을 닫고 하면 되지 않겠는가? 그러나 창문을 여는 것, 이것이 바로 다니엘의 머리의 꽃이었다. 자신은 죽으면 죽었지 비굴하게 굴고 싶지 않다는 것이다.

이 말씀을 묵상하면서 우리도 우리의 창문을 열어야 한다는 생각이 들었다. 크리스천으로서 우리의 창문을 열어야 한다. 교회의 창문을 열어야 한다. 누가 볼세라 창문 닫고 커튼 치고 쉬쉬하면 안 된다. 누가 들여다봐도 부끄러운 것이 없고, 누가 뭐라고 해도 당당할 수 있는 그런 크리스천, 그런 교회가 되어야 한다.

기독교에 십계명만 있는 게 아니라고 한다. 제11계명도 있다고 한다. "들키지 말자"라는 게 제11계명이란다. 물론 농담이다. 하지만 아무리 농담이라도 이러면 안 된다. 들키지 말아야 하는 게 아니라 들킬 게 없어야 한다.

우리의 영적 문을 활짝 여는 은혜가 있기를 바란다. 다니엘이 보여준 신앙의 자존심을 회복하는 은혜가 우리 모두에게 있기를 바란다.

평소에는 조용히, 위기 앞에선 당당하게

바울도 마찬가지이다. 사도행전 26장에 보면, 그는 죄수의 신분으로 아그립바 왕에게 심문을 받고 있다. 그런데 그 자리에서 무슨 일이 벌어지는가?

> 아그립바가 바울에게 이르되 네가 적은 말로 나를 권하여 그리스도인이 되게 하려 하는도다 행 26:28

세상에, 심문 받는 죄수가 지금 심문하고 있는 왕에게 복음을 전하고 있는 것이다. 그에 대해 아그립바가 힐책하자 사도 바울이 이렇게 응수한다.

바울이 이르되 말이 적으나 많으나 당신뿐만 아니라 오늘 내 말을 듣는 모든 사람도 다 이렇게 결박된 것 외에는 나와 같이 되기를 하나님께 원하나이다 하니라 행 26:29

부럽다. 나는 정말 바울이 부럽다. 바울의 머리에 꽂힌 꽃은 그리스도인으로서의 정체성이었다. 바울은 이렇게 외치고 있었던 것이다.

"당신이 나를 복음 전한다는 이유로 감옥에 가두고 죽일 수 있을지는 몰라도 그리스도인으로서의 내 자존심은 건드릴 수 없다. 왕이여, 당신뿐 아니라 지금 내 말을 듣는 모든 사람들도 이렇게 결박된 것 외에는 다 나와 같이 되기를 원한다!"

정말 놀라운 자존심이다. 어떻게 하면 이것이 가능할까? 어떻게 하면 우리도 이렇게 당당하게 살 수 있을까? 사도행전 27장에 그 답이 있다.

사도행전 27장에서 바울은 체포되어 로마로 압송당하고 있다. 그런데 가는 도중에 유라굴로라는 큰 광풍을 만났다. 살 소망조차 사라진 절망적인 상황에서 죄수 신분인 바울의 태도가 어땠는가?

여러 날 동안 해도 별도 보이지 아니하고 큰 풍랑이 그대로 있으매 구원의 여망마저 없어졌더라 여러 사람이 오래 먹지 못하였으매 바울이 가운데 서서 말하되 여러분이여 내 말을 듣고 그레데에서 떠나지 아니하여 이 타격과 손상을 면하였더라면 좋을 뻔하였느니라 내가 너희를 권하노니 이제는 안심하라 너희 중 아무도 생명에는 아무런 손상이 없겠고 오직 배뿐이리라

이게 죄수의 말이라고 믿겨지는가? 평상시라면 입도 뻥긋 못했을 죄수 신분의 바울이 위기를 만나자 방향을 제시하고 사람들을 안심시키는 선장이 되어 있었다. 이것이 크리스천의 모습이어야 한다.

평상시에 우리는 세상에 나가 큰소리를 내면 안 된다. 하나님을 믿는 사람으로서 묵묵히 살아야 한다. 하나님 앞에 겸손하게 큰 소리 내지 말고 살아야 하는 것이 크리스천이다. 그러나 문제가 생기고 위기 상황에 빠지면 득달같이 달려와서 수습하고, 진행하고, 영적 권위를 나타내는 게 크리스천의 모습이어야 한다. 바울에게서 배워야 할 모습이 이것이다.

그런데 현실은 어떤가? 정반대가 아닌가? 평소에는 목에 있는 대로 힘을 주고 다니다가 뭔가 어려운 일을 만나면 아무런 대안도 제시하지 못하고 맥을 못 춘다. 나라가 위기를 겪을 때, 사회가 혼란에 빠질 때, 가정이 고통을 겪을 때, 그때야말로 믿는 자들이 일어나 옳은 소리를 내고 수습하고 나아가는 역할을 감당해야 한다.

말씀으로 채워지는 우리의 자존심

그러면 바울은 어떻게 위기 가운데서 죄수의 신분을 뛰어넘는 당

당함을 보일 수 있었을까? 나는 그 해답을 이 말씀에서 발견했다.

내가 속한 바 곧 내가 섬기는 하나님의 사자가 어제 밤에 내 곁에 서서 말하되 바울아 두려워하지 말라 네가 가이사 앞에 서야 하겠고 또 하나님께서 너와 함께 항해하는 자를 다 네게 주셨다 하였으니 그러므로 여러분이여 안심하라 나는 내게 말씀하신 그대로 되리라고 하나님을 믿노라 행 27:23-25

바로 이것이 바울을 바울 되게 한 중요한 포인트이다. 우리가 자존심을 지킬 수 있는 가장 중요한 대안은 말씀으로 돌아가는 것이다. 말씀이 내 안에서 작동되고 역사할 때, 우리에게 힘이 생긴다. 온 세상이 혼미하여 갈 바를 알지 못하고 정신없이 돌아다녀도 "여러분, 안심하십시오! 내 안에 하나님의 말씀이 있는데, 이 말씀으로 이 민족이 살아날 것입니다!"라고 외칠 수 있게 된다. 비록 죄수의 신분이고, 초라한 자리에 있을지라도 우리 안에 말씀이 채워져 있다면 이 자존심이 살아날 줄 믿는다.

그 안에 말씀이 없다면 목사라도, 장로라도, 모태신앙인이라도 아무 소용이 없다. 말씀이 없으면, 그래서 진정한 영적 자존심이 세워져 있지 않으면 그저 헛 멋들어서 헛 폼만 잡고 다니는 것에 불과하다.

나는 평상시 우리 교회에서 나보다 연세 많으신 어른들 앞에서 한 번도 어른 행세를 하며 나선 적이 없다. 제자훈련을 인도할 때

간혹 훈련이 끝나고 함께 식사하는 시간을 갖곤 하는데, 절대 내가 먼저 수저를 든 적이 없다. 나보다 연세가 많으신 형님 집사님이 수저를 드는 것을 보고서야 나도 수저를 들었다. 나는 우리 교회 교역자들에게도 그렇게 할 것을 자주 권면한다.

강단에서 내려오면 나는 내세울 것도 없고 아무것도 아닌 사람이다. 그러나 강단에 올라서면 하나님의 말씀이 있기 때문에 그 말씀의 권위를 가지고 나보다 연세가 많으신 어른들 앞에서도 권면할 수 있는 것이다.

그렇기 때문에 목회자가 정말 영적 권위를 회복하고 싶으면 그 내면에서 말씀이 회복되어야 한다. 자기 목소리가 아니라 자기가 받은 하나님의 말씀을 선포할 때 그에게 영적인 권위가 생긴다.

평상시에는 있는 듯 없는 듯 소리 없이 우리의 자리에서 최선을 다하다가, 위기가 찾아오고 문제를 만났을 때는 우리 속에서 말씀이 작동되어 바울처럼 대안을 제시하는 사람이 되기 바란다. 비록 옷은 죄수복을 입고 있었을지언정 선장조차 승복할 수밖에 없었던 바울의 영적 권위가 우리 안에 회복되기를 간절히 바란다. 그 권위는 말씀에서 나타난다. 그 말씀을 가지고 자존심을 지켜나가는 하나님의 사람이 다 되기를 바란다.

그것을 위해서는 주님의 영광을 구해야 한다. 하나님 없이는, 하나님의 말씀 없이는, 하나님의 영광 없이는 우리는 아무것도 아니다. 주님의 영광이 우리 안에 회복되어야 한다. 자연인으로서 우리가 비록 초라하고 볼품없을지라도, 아무것도 아닐지 몰라도, 그래서 좌절하고 무너져 있을지 몰라도 하나님의 사람으로서의 우리는 대단한 하나님의 자녀이다.

오늘 우리를 우리 되게 하는 특권, 하나님 자녀로서의 특권을 마음껏 찬양하며 누리자. 하나님의 영광이 우리 안에서 새롭게 되도록 간절히 기도하자.

하나님의 은혜를 확신하면 할수록 더욱 그 은혜를 받을 준비를 해야 한다. 하나님께 기도하고 응답을 받았으면

이제 우리의 발을 움직여야 한다. 자기가 해야 할 일에 게으르지 말고 행동해야 한다. 남 핑계 대지 말고 움직여

행동하라. 이것이 에스더가 신축성 있는 태도로 생각의 지경을 넓힌 후에 누린 축복이다.

위기 앞에서,
현 실 에
도 전 하 라

에스더서 4장 1-14절

모르드개가 이 모든 일을 알고 그 옷을 찢고 굵은 베를 입으며 재를 무릅쓰고 성중에 나가서 대성 통곡하며 대궐 문 앞까지 이르렀으니 굵은 베를 입은 자는 대궐 문에 들어가지 못함이라 왕의 조명이 각 도에 이르매 유다인이 크게 애통하여 금식하며 곡읍하며 부르짖고 굵은 베를 입고 재에 누운 자가 무수하더라 에스더의 시녀와 내시가 나아와 고하니 왕후가 심히 근심하여 입을 의복을 모르드개에게 보내어 그 굵은 베를 벗기고자 하나 모르드개가 받지 아니하는지라 에스더가 왕의 명으로 자기에게 근시하는 내시 하닥을 불러 명하여 모르드개에게 가서 이것이 무슨 일이며 무슨 연고인가 알아 보라 하매 하닥이 대궐 문 앞 성중 광장에 있는 모르드개에게 이르니 모르드개가 자기의 당한 모든 일과 하만이 유다인을 멸하려고 왕의 부고에 바치기로 한 은의 정확한 수효를 하닥에게 말하고 또 유다인을 진멸하라고 수산 궁에서 내린 조서 초본을 하닥에게 주어 에스더에게 뵈어 알게 하고 또 저에게 부탁하여 왕에게 나아가서 그 앞에서 자기의 민족을 위하여 간절히 구하라 하니 하닥이 돌아와 모르드개의 말을 에스더에게 고하매 에스더가 하닥에게 이르되 너는 모르드개에게 고하기를 왕의 신복과 왕의 각 도 백성이 다 알거니와 무론 남녀하고 부름을 받지 아니하고 안뜰에 들어가서 왕에게 나아가면 오직 죽이는 법이요 왕이 그 자에게 금홀을 내어 밀어야 살 것이라 이제 내가 부름을 입어 왕에게 나아가지 못한 지가 이미 삼십 일이라 하라 그가 에스더의 말로 모르드개에게 고하매 모르드개가 그를 시켜 에스더에게 회답하되 너는 왕궁에 있으니 모든 유다인 중에 홀로 면하리라 생각지 말라 이 때에 네가 만일 잠잠하여 말이 없으면 유다인은 다른 데로 말미암아 놓임과 구원을 얻으려니와 너와 네 아비 집은 멸망하리라 네가 왕후의 위를 얻은 것이 이 때를 위함이 아닌지 누가 아느냐

이 때를 위한
믿음 아닌가?

이 모든 일을 알고 난 후에

에스더서 3장에서 살펴본 것처럼, 권력의 중심에 서게 된 하만의 계략으로 이스라엘 백성들은 절체절명의 위기를 만나게 되었다. 이런 민족의 위기 앞에서 모르드개가 어떤 태도를 취했는가 하는 것이 에스더서 4장에서 살펴보아야 할 포인트이다.

모르드개는 동족이 절망적인 상황에 처했을 때 혼자만 살아남는 길을 택하지 않고 더불어 살아남을 수 있는 길을 모색했다.

모르드개가 이 모든 일을 알고 자기의 옷을 찢고 굵은 베 옷을 입고 재를 뒤집어쓰고 성중에 나가서 대성 통곡하며 에 4:1

이 구절에 나오는 '이 모든 일을 알고'라는 표현과 이후에 나타나는 모르드개의 반응을 보며 문득 세월호 사건이 다시 떠올랐다. 배가 침몰하는 위기 가운데서 선장과 선원들이 어떤 행동을 보였는가? 배와 승객을 버리고 자기들만 먼저 빠져나왔다.

그들의 무책임한 행동은 국민들의 분노를 일으켰다. 전 국민이 이렇게 큰 울분과 분노를 느낀 것은 그 사건 자체가 워낙 큰 아픔을 가져온 비극적인 사건이기도 했지만, 우리 국민이 지도자들에 대해 가지고 있는 트라우마가 더해졌기 때문이 아닐까 싶었다. 민족의 비극인 6·25 전쟁을 비롯해 역사적으로 국가적인 위기를 맞을 때 수많은 지도자들이 자기들만 살겠다고 국민을 버리고 도망갔다. 그것이 우리 국민에게 트라우마로 남아 더욱 울분과 분노가 쏟아져 나오게 된 것 같다.

모르드개를 묵상하다가 뜬금없이 이 생각이 난 것은 민족의 위기 앞에서 모르드개가 보인 행동이 그들과 너무나 대조적이었기 때문이다. 모르드개는 뛰어난 정보력으로 남들보다 빠르게 유다인에 대한 학살 정보를 입수하게 되었는데, 비겁한 지도자 같았으면 자기 식구들만 챙겨서 도피하면 그만이었을 것이다. 그런데 모르드개는 자기만 살 길을 택하지 않고 '어떻게 하면 동족이 함께 살아남을 수 있을까'를 놓고 통곡하며 하나님 앞으로 나아갔다.

혼자만 잘 살면 무슨 소용인가

모르드개의 이 모습이 유난히 부각되어 나에게 은혜가 되었다. 그러면서 이런 생각을 해보았다.

'분당우리교회가 교회적인 위기를 만난다면 나는 지도자로서 어떤 태도를 취할 것인가?'

분당우리교회의 구호는 '함께 울고 함께 웃는 우리'이다. "즐거워하는 자들과 함께 즐거워하고 우는 자들과 함께 울라"(롬 12:15)라는 말씀이 그 근거 구절이다. 신앙생활이란 바로 이 정신을 구현해내는 것이다. 신앙생활을 함께하는 우리는 한 공동체이다.

이런 묵상을 하다보니 예전에 읽었던 《혼자만 잘 살믄 무슨 재민겨》라는 책이 떠올랐다. 농부이자 작가이신 전우익 선생님이 농사를 지으며 겪은 다양한 경험들을 쓴 책인데, 내용도 참 감동적이지만, 무엇보다 책 제목이 정말 의미가 있다고 느껴졌다.

사도 바울은 바로 이 정신을 구현해냈다. 로마서 8장 끝 부분에 정말 놀라운 고백이 있다.

내가 확신하노니 사망이나 생명이나 천사들이나 권세자들이나 현재 일이나 장래 일이나 능력이나 높음이나 깊음이나 다른 어떤 피조물이라도 우리를 우리 주 그리스도 예수 안에 있는 하나님의 사랑에서 끊을 수 없으리라

롬 8:38,39

8장을 이렇게 멋진 고백으로 마무리해놓고는, 9장으로 넘어가서 뭐라고 하는가?

내가 그리스도 안에서 참말을 하고 거짓말을 아니하노라 나에게 큰 근심이 있는 것과 마음에 그치지 않는 고통이 있는 것을 내 양심이 성령 안에서 나와 더불어 증언하노니 나의 형제 곧 골육의 친척을 위하여 내 자신이 저주를 받아 그리스도에게서 끊어질지라도 원하는 바로라 롬 9:1-3

앞에서 어떤 것들도 자기를 하나님의 사랑에서 끊을 수 없다고 선포해놓고, 바로 이어서 하는 말이 무엇인가? 내 동족이 구원받을 수 없다면 내가 저주를 받아 그리스도에게서 끊어질지라도 동족의 구원을 원한다는 것이다. 자신의 양심에 거리낌 없이, 진실로 이렇게 원한다는 것이다.

얼마나 감동적인 이야기인가? 어떤 면에서는 로마서 8장에서의 바울의 확신도 귀하지만 이어 나오는 9장에서의 바울의 정신이 참으로 귀하다. 나는 이 대목을 읽으면서 이렇게 독백한다.

'나만 잘 살면 무슨 재민겨? 나만 구원받으면 무슨 재민겨?'

우리의 신앙생활에서 로마서 9장의 이 정신이 구현되어야 한다. 로마서 8장의 확신도 말로 다할 수 없는 감격이지만 거기에만 갇혀 있다면 우리는 이기적인 신앙으로 변질될 위험이 있다.

그러므로 로마서 8장에서의 감격을 발판으로 로마서 9장으로 넘어가야 한다. 우리 모두가 하나님 앞에서 즐거워하는 자들과 함께 즐거워하고 우는 자들과 함께 우는 신앙을 회복해야 한다.

확신, 하나님의 일하심에 대한 굳은 믿음

모르드개가 보여주는 모범이 바로 이것이다. 본문에 나오는 모르드개를 보면서 그를 표현할 수 있는 두 개의 단어가 떠올랐다. 첫 번째는 '확신'이란 단어이다.

에스더서 4장 8절에 보면, 모르드개가 에스더에게 절망적인 자기 민족을 위해 왕 앞에 직접 나아가 간청해줄 것을 부탁한다. 그런데 에스더는 처음에는 이 부탁을 거절한다. 자기 입장에서는 불가능한 일이었기 때문이다. 그러자 모르드개가 딸처럼 길렀던 에스더를 추상같이 꾸짖는다.

모르드개가 그를 시켜 에스더에게 회답하되 너는 왕궁에 있으니 모든 유다인 중에 홀로 목숨을 건지리라 생각하지 말라 이 때에 네가 만일 잠잠하여 말이 없으면 유다인은 다른 데로 말미암아 놓임과 구원을 얻으려니와 너와 네 아버지 집은 멸망하리라 네가 왕후의 자리를 얻은 것이 이 때를 위함이 아닌지 누가 알겠느냐 하니 에 4:13,14

모르드개의 꾸짖음의 핵심이 무엇인가? "왕후인 네가 안 나서면 우린 다 죽는다. 제발 우리 좀 살려달라"가 아니다. "네가 안 나서도 하나님께서는 다른 누구를 통해서라도 반드시 우리를 구원해주신다. 하지만 네가 비겁하게 이 일에 나서지 않으면 네가 망하게 된다"가 핵심이다.

모르드개의 확신을 보면서 큰 감동을 받았다. 우리에겐 이런 확신이 있는가? 앞에서 본 바울의 확신도 이것 아닌가?

"내가 확신하노니 사망이나 생명이나 천사들이나 권세자들이나 어떤 것들도 나를 그리스도의 사랑에서 끊을 수 없다!"

우리가 하나님 앞에서, 또 세상 앞에서 당당할 수 있는 근거가 바로 이 확신이다. 어떤 형편에 있을지라도 "나는 망하지 않는다. 나는 망할 수 없다. 하나님의 사랑은 끊을 수 없는 사랑이다"라는 확신이 있을 때 당당할 수 있다. 모르드개의 생각 밑바닥에 이 확신이 있었다. 그래서 에스더 앞에서 그렇게 당당할 수 있었던 것이다.

언젠가 어느 교회에서 진행한 세미나 소식을 전하는 기사를 보았는데, 기사 제목이 이랬다.

"교회 부흥의 비결, 확신 있는 설교에 있다."

아마 목회자 세미나였던 것 같다. 그 세미나의 요지는 이랬다.

"강단에서 목사가 확신도 없이 이런저런 자료를 편집해서 설교하면 사람들에게 '목사님 말씀을 참 잘하시네. 설교가 참 좋네' 하는 정도의 반응은 일으킬 수 있어도 심령의 부흥은 일어나지 않는다."

나는 그 기사를 이렇게 응용하고 싶다.

"우리 가정이 부흥하기 위해서는 가장의 확신 있는 믿음이 중요하다. '우리 가정은 절대 망하지 않아. 일시적으로 흔들릴 수는 있어도 이대로 무너지지 않아' 하는 확신이 가정 안에 회복된다면 그 가정이 얼마나 안정감을 누리겠는가?"

우리의 가정 안에 바로 이 믿음의 확신이 회복되기를 바란다.

확실히 믿었더니 두려움이 사라졌다

시편 27편에서 다윗은 이렇게 고백했다.

> 내가 산 자들의 땅에서 여호와의 선하심을 보게 될 줄 확실히 믿었도다 너는 여호와를 기다릴지어다 강하고 담대하며 여호와를 기다릴지어다 시 27:13,14

다윗의 "확실히 믿었도다"라는 고백이 어떤 영향을 미쳤는가? 지금 다윗은 그를 치려고 올라오는 악인들, 심지어 강한 군대가 포위하고 진격해오는 상황에 처해 있다(2,3절). 그런 위기 상황에서도 다윗은 "여호와는 나의 빛이요 나의 구원이시니 내가 누구를 두려워하리요 ⋯ 내가 누구를 무서워하리요"(1절)라고 고백하고 있다. 다윗의 이 담대함은 그의 "확실히 믿었도다" 하는 믿음의 확신에서 기인한 것이다.

누구라도 두려워할 수밖에 없는 상황에서 우리를 당당하게 하고 두려워하지 않게 하는 것은 확신에 찬 믿음이다. "확실히 믿었도다" 하는 다윗의 고백과 "우리는 반드시 구원받는다" 하는 모르드개의

확신이 두려운 일이 많은 이 땅을 살아가는 우리의 고백과 확신이
되기를 바란다.

사명, 눈에 보이는 성공이 다가 아니다

모르드개를 표현할 수 있는 두 번째 단어는 '사명'이다. 에스더서
4장 14절을 다시 보자.

> 이 때에 네가 만일 잠잠하여 말이 없으면 유다인은 다른 데로 말미암아 놓
> 임과 구원을 얻으려니와 너와 네 아버지 집은 멸망하리라 네가 왕후의 자리
> 를 얻은 것이 이 때를 위함이 아닌지 누가 알겠느냐 하니 에 4:14

성경을 묵상하다보면 내 마음속에서 되뇌어지는 성경의 표현들
이 있는데, 그중 하나가 바로 이것이다.

"이 때를 위함이 아닌지 누가 알겠느냐."

나는 종종 이 고백을 독백하곤 한다. 당황스러운 일을 만날 때나
위험한 일을 만날 때 "이 때를 위한 믿음이 아니겠는가" 하고 고백
하는 것이다. 놀랄 일이 있을 때, 발걸음이 멈칫하게 될 때 "지금이
바로 믿음이 작동될 때이다. 이 때를 위한 믿음이 아닌가" 하고 얼
른 정신을 차리는 것이다.

"네가 왕후의 자리를 얻은 것이 이 때를 위함이 아닌지 누가 알겠
느냐"라는 모르드개의 말 속에는 중요한 중심 사상이 하나 더 담겨

있다. 모르드개는 지금 에스더가 왕후의 자리에 올라간 것 자체를 성공이라고 생각하고 있지 않다. 에스더가 왕후의 자리에 올라간 것은 그 자체로 성공이 아니라 '이 때를 위한 것', 곧 사명을 위한 것이기에 높은 자리에 올라갔다고 손뼉을 칠 일이 아니란 것이다.

이것이 세상의 가치관과 우리가 가져야 할 가치관의 결정적인 차이점이다. 세상 사람은 왕후의 자리에 올라간 것 자체를 성공이라고 말한다. 그러나 모르드개의 시선에는 성공이 아니다. 그것은 사명을 위한 보조 수단에 불과하다. 모르드개는 성공을 사명과 연결하고 있는 것이다.

상처가 사명이 되다

미국의 유명한 여성 방송인 오프라 윈프리를 다들 알 것이다. 인터넷에서 그녀를 소개한 글을 찾아보니 이런 내용이 있었다. 그녀가 진행하는 〈오프라 윈프리 쇼〉는 20년 넘게 낮 시간대 TV 토크쇼 시청률 1위를 고수해왔다. 미국 내 시청자만 220만 명이고 전 세계 140개국에서 방영되었다. 오프라 윈프리의 영향력이 얼마나 대단한지, 그녀가 방송에서 '내가 무슨 책을 읽었다' 하면 그 책은 바로 미국의 베스트셀러가 된다. 한번은 그녀가 방송에서 가난한 보육원을 방문했는데, '이곳에 도움이 필요하다'는 멘트 한 마디에 수십억 원의 기부금이 쏟아졌다고 한다. 정말 놀라운 영향력이다.

그런데 오프라 윈프리는 굉장히 불우한 어린 시절을 보냈다고 한다. 사생아로 태어나 아홉 살 때 사촌에게 성폭행을 당했다. 불우한 환경에 절망하며 청소년 시기에는 마약을 하기도 했다. 그런 그녀가 어떻게 그 모든 상처를 딛고 세계적으로 영향력 있는 여성이 될 수 있었을까? 답은 하나이다. 모든 사람들이 그 이유를 한 가지로 분석한다.

오프라 윈프리가 쓴 자서전이 있는데, 그 책의 제목은 《이것이 사명이다》이다. 그 책에서 오프라 윈프리는 자기 인생의 네 가지 사명을 이렇게 말하고 있다.

"첫째, 남들보다 더 가진 것이 있다면 그것은 축복이 아니라 사명이다. 둘째, 남들보다 아픈 상처가 있다면 그것은 고통이 아니라 사명이다. 셋째, 남들보다 더 설레는 꿈이 있다면 그것은 망상이 아니라 사명이다. 넷째, 남들보다 더 부담되는 어떤 것이 있다면 그것은 강요가 아니라 사명이다."

역시 인생은 해석이다. 어떤 환경에 처해 있느냐가 중요한 게 아니다. 환경을 해석하는 힘, 이것이 중요하다. 똑같이 어려운 환경을 만나도 어떤 사람은 자신이 만난 고통을 잘못 해석하여 '난 저주받은 인생이야. 나 같은 건 죽어도 아무도 슬퍼하지 않을 거야'라고 생각하며 자살을 생각하는 사람이 있는가 하면, 오프라 윈프리처럼 '아픈 상처가 있으면 그것은 고통이 아니라 사명이다'라고 해석하며 인생을 개척해나가는 사람이 있다. 자기에게 주어진 상황을 올바로 해석하는 힘, 바로 이것이 오늘날 오프라 윈프리를 세계적으로 영향력 있는 여성으로 만들었다.

모르드개는 어떤 해석의 힘을 갖고 있었는가? 에스더가 왕후의 자리에 오른 것 자체가 박수 치고 좋아할 일이 아니라 그저 디딤돌에 불과하다는 것, "이 때를 위함이 아니겠느냐" 하는 그 해석의 힘이 그와 민족을 살리는 길로 나아가게 한 것이다.

교회 역시 마찬가지라고 생각한다. 오늘날 분당우리교회가 이처럼 큰 은혜를 받아 누리는 것, 이것 자체에다 큰 의미를 둬서는 안 된다. 하나님께서 이렇게 큰 은혜를 주실 때는 반드시 하나님의 계획하심이 있음을 자각하고 늘 이런 기도를 드려야 한다.

'하나님은 우리를 어디에다 쓰시려고 이런 큰 은혜를 주시는지요? 그것을 잘 분별할 수 있기 원합니다.'

은혜를 주시는 곳에 사명이 있음을 자각해야 한다. 우리끼리 배 두드리며 '우리만 잘 살면 됐지' 하는 세상적인 가치관에 젖어 있을 것이 아니라 끊임없이 자신에게 물어야 한다.

"이것은 무엇을 위함인가? 나는 내가 받은 이 큰 은혜를 어느 곳에 사용해야 할 것인가?"

힘들어도 버틸 수 있는 힘

어느 날 말씀을 묵상하다가 미국에서 힘들게 학교를 다니던 때가 생각나 눈물이 왈칵 쏟아졌다. 그때 나는 학비를 벌기 위해 낮에는 풀타임으로 일하고 밤에 학교를 다녀야 했다. 미국 공장에서 청소를 했는데, 다른 근로자들이 출근하기 전에 청소하려면 새벽 5시에는 집을 나서야 했다. 고속도로를 한 시간 정도 달려 공장에 도착해 오후 3시 반까지 청소를 하고 다시 고속도로를 달려 집에 돌아와 학교 갈 채비를 하고 야간 학교에 갔다. 매일 밤 11시가 넘어 집에 들어와서는 교수님께서 내준 과제를 하다 보면 새벽 두세 시를 넘길 때가 다반사였다. 체력적으로 견딜 수가 없었다. 그 시절의 사진을 보면 완전히 해골이다.

너무 힘들어서 정말 수없이 학교를 그만두려고 했다. 그때 '이래서는 내가 못 살겠다. 내가 영어를 잘하는 것도 아니고 이렇게 배워서 언제 학교를 졸업하겠나?' 하는 마음의 유혹과 '사업이나 하자' 하며 손 내밀던 주변의 수많은 유혹 앞에서 버틸 수 있었던 원동력은 하나님께서 내게 주신 비전 때문이었다.

'나는 미국에서 돈 많이 벌다가 마흔 살에는 한국에 돌아가 고아원과 양로원을 열어야 해. 그런데 지금 내가 힘들다고 공부를 포기하고 이 꿈도 포기하면, 내가 마흔 살이 넘었을 때 나의 섬김을 누려야 할 사람들이 손해를 보는 결과가 오는 것 아닌가? 아무리 힘들어도 내가 참아내야 할 이유가 여기에 있어.'

이런 생각을 하면서 유혹을 참아냈다. 나는 이것이 성령님이 주신 마음이라고 믿는다. 사실 그 당시 상황에서는 정말 말도 안 되는 허무맹랑한 생각이었을지도 모른다. 하지만 그때 나는 이 생각으로 하루하루를 버텼다. 나 혼자 잘 먹고 잘살려면 공부를 포기하고 다른 일을 할 수도 있었겠지만, 사명을 감당해야 하니 포기할 수 없었다. 나의 게으름 때문에 누군가 받아야 할 혜택을 못 받게 되면 안 된다는 생각으로 이겨냈다. 그렇게 해서 대학을 졸업할 수 있었다.

그때 내가 힘들다고 공부를 포기했다면, 오늘의 나도 없다. 대학 졸업도 안 했는데 신학대학원은 어떻게 들어갔겠는가? 그 시절을 떠올리자 눈물이 흘렀다. 시카고에서 쓰레기통을 뒤지고 있던 그 새벽에 하나님께서는 스물세 살짜리 어린 청년에게 꿈을 주셨다. 그런데 지금 분당우리교회에서 하고 있는 수많은 복지 사역들을 통해 그 꿈들이 놀랍게 이루어지고 있는 것을 보면서 보잘것없는 우리의 신음까지도 듣고 계시는 하나님을 찬양하지 않을 수가 없다.

힘든 일이 있는가? 아침에 일어나는 것이 고통이고, 앞은 하나도 안 보이고, 언제까지 계속될지 모르는 상황 속에서 막막함에 주저앉고 싶은가? 그러나 그런 상황 중에도 이 믿음을 붙잡기 바란다.

"이 때를 위한 믿음이 아니겠는가? 사명을 감당하기 위한 과정이 아니겠는가?"

눈에 보이는 절망이 전부가 아니다. 사명을 이루기 위한 눈물의 과정인 줄 믿어라. 눈에 보이는 성공이 전부가 아니다. 그것을 통해 우리의 사명을 이루는 자리로 나아가야 한다. 모르드개가 가졌던 이 '사명'과 '확신'이 오늘을 사는 우리 모두에게 가슴 뛰는 벅참으로 요동치게 되기를 간절히 바란다.

에스더서 4장 4-17절

에스더의 시녀와 내시가 나아와 전하니 왕후가 매우 근심하여 입을 의복을 모르드개에게 보내어 그 굵은 베 옷을 벗기고자 하나 모르드개가 받지 아니하는지라 에스더가 왕의 어명으로 자기에게 가까이 있는 내시 하닥을 불러 명령하여 모르드개에게 가서 이것이 무슨 일이며 무엇 때문인가 알아보라 하매 하닥이 대궐 문 앞 성 중 광장에 있는 모르드개에게 이르니 모르드개가 자기가 당한 모든 일과 하만이 유다인을 멸하려고 왕의 금고에 바치기로 한 은의 정확한 액수를 하닥에게 말하고 또 유다인을 진멸하라고 수산 궁에서 내린 조서 초본을 하닥에게 주어 에스더에게 보여 알게 하고 또 그에게 부탁하여 왕에게 나아가서 그 앞에서 자기 민족을 위하여 간절히 구하라 하니 하닥이 돌아와 모르드개의 말을 에스더에게 알리매 에스더가 하닥에게 이르되 너는 모르드개에게 전하기를 왕의 신하들과 왕의 각 지방 백성이 다 알거니와 남녀를 막론하고 부름을 받지 아니하고 안뜰에 들어가서 왕에게 나가면 오직 죽이는 법이요 왕이 그 자에게 금 규를 내밀어야 살 것이라 이제 내가 부름을 입어 왕에게 나가지 못한 지가 이미 삼십 일이라 하라 하니라 그가 에스더의 말을 모르드개에게 전하매 모르드개가 그를 시켜 에스더에게 회답하되 너는 왕궁에 있으니 모든 유다인 중에 홀로 목숨을 건지리라 생각지 말라 이 때에 네가 만일 잠잠하여 말이 없으면 유다인은 다른 데로 말미암아 놓임과 구원을 얻으려니와 너와 네 아버지 집은 멸망하리라 네가 왕후의 자리를 얻은 것이 이 때를 위함이 아닌지 누가 알겠느냐 하니 에스더가 모르드개에게 회답하여 이르되 당신은 가서 수산에 있는 유다인을 다 모으고 나를 위하여 금식하되 밤낮 삼 일을 먹지도 말고 마시지도 마소서 나도 나의 시녀와 더불어 이렇게 금식한 후에 규례를 어기고 왕에게 나아가리니 죽으면 죽으리이다 하니라 모르드개가 가서 에스더가 명령한 대로 다 행하니라

제대로 사랑하고
제대로 책망하라

만남의 축복을 누리는 인생

'에스더서'의 주인공은 에스더이다. 책의 이름만 봐도 알 수 있다. 하지만 에스더의 배후에 모르드개가 없었다면 에스더도 있을 수 없다. 모르드개와의 만남의 축복을 누렸기 때문에 에스더가 그렇게 훌륭한 여인이 될 수 있었다.

우리 역시 하나님 앞에서 이런 만남의 축복을 구해야 한다. 평범한 농부였던 엘리사가 엘리야라는 위대한 선지자를 만남으로 위대한 선지자 엘리사로 탈바꿈하게 되었다. 디모데도 마찬가지이다. 디모데전후서를 보면 그 길을 먼저 걸었던 바울이 얼마나 주옥같은 말씀으로 세심하게 젊은 목회자 디모데를 멘토링했는지 알 수 있다. 디모데에게 바울과의 만남이라는 축복이 있었기 때문에 그의 삶이 귀할 수 있었다.

만남의 축복이 이처럼 중요하다. 그렇기 때문에 우리가 만남의 축복을 누리도록, 또 우리 자녀들이 만남의 축복을 누리도록 기도하는 것이 중요하다.

"하나님, 만남의 축복을 허락하여주옵소서. 우리 자녀가 만남의 축복을 누리도록 해주옵소서. 에스더에게 모르드개가 있었던 것처럼, 엘리사에게 엘리야와 같은 스승이 있었던 것처럼, 디모데에게 바울과 같은 멘토가 있었던 것처럼 좋은 어른, 좋은 스승, 좋은 멘토를 만나는 축복을 누리게 해주옵소서."

그러나 기도가 여기서 끝나면 안 된다. 이에 대해서 반드시 구해야 할 것이 있다.

"하나님, 우리가 만남의 축복을 누리는 것뿐만 아니라 우리도 그 누군가에게 모르드개와 같은 존재가 되게 해주옵소서. 엘리야 같은 존재가 되게 해주옵소서. 바울과 같은 존재가 되게 해주옵소서."

이 기도가 필요하다. 나 역시 지금까지 만남의 축복을 누렸기에 지금의 자리에 있을 수 있었다. 그렇기에 앞으로도 주님이 놀라운 만남의 축복들을 계속 베풀어주시기를 바란다. 뿐만 아니라 내가 누군가의 인생에 좋은 멘토로, 좋은 스승으로 선한 영향력을 끼칠 수 있는 사람이 되기를 늘 기도하고 있다.

오늘 이 시대는 어른이 없다고 탄식하는 시대이다. 옛 시절에는 혼란한 시대 상황의 한가운데에 우뚝 선 어른들이 많았는데, 요즘

에는 그런 분들이 별로 안 보이는 것 같다. 많은 이유들이 있겠지만 포스트모더니즘 시대 자체가 모든 권위, 심지어 하나님까지도 죽이는 시대이다 보니 우리 스스로 권위를 죽이는 잘못을 범한 것은 아닌지 돌아보게 된다. 그리고 워낙 유혹이 많은 시대이다 보니 인물인 줄 알고 기대했는데 도중에 미끄러져 사람들을 실망시키는 일들이 많다.

이런 상황이기에 하나님을 믿는 우리가 더더욱 하나님 앞에서 그런 어른의 역할을 잘 감당해야 한다.

흔들리지 않는 중심축 역할

그렇다면 오늘날처럼 혼란스러운 시대에 우리가 진정한 어른으로 서기 위해선 어떻게 해야 하는가? 모르드개의 모습에서 진정한 어른이 되기 위한 세 가지 조건을 발견할 수 있다.

첫째, 우리가 모르드개와 같은 어른이 되기 위해서는 '삶의 중심축 역할'을 감당해야 한다.

앞에서도 언급했지만, 우리 인생에는 삶을 아우르는 중심축이 있어야 한다. 우리는 대개 더 크게 쓰임 받고, 더 크게 성공하는 인생에 관심이 있고 그런 인생을 추구한다. 하지만 그보다 더 중요한 것이 그 인생에 중심이 있느냐 없느냐 하는 것이다.

하나님께서는 필요에 따라 큰 원을 그리게 하실 때도, 또 작은 원을 그리게 하실 때도 있다. 원의 크고 작음은 하나님의 손에 달려 있다. 우리에게 중요한 것은 원의 크기와 상관없이 우리의 중심이 흔들리지 않고 잘 잡혀 있는 것이다.

불행한 것은 그것이 잘 안 되는 것이 우리 인생이란 것이다. 그렇기 때문에 우리 주변에는 삶의 중심축 역할을 도와주는 모르드개와 같은 인물이 필요하다.

에스더가 처음부터 "죽으면 죽으리이다"라고 결연했던 것이 아니다. "난 못해요. 안 돼요"라며 현실을 기피했던 사람이 에스더였다. 하나님께서는 그런 에스더에게 모르드개라는 인물을 붙여주셔서 삶의 중심을 회복하게 하셨다.

삶으로 중심축 역할을 감당하라

여기서 꼭 기억해야 할 중요한 것이 있다. 그것은 에스더가 모르드개의 말 몇 마디에 영향을 받은 것이 아니란 사실이다. 출애굽기를 보면, 모세가 자신의 후임자인 여호수아에게 여러 가지 말로 권면하지만, 여호수아는 그런 권면이 있기 이전부터 지도자로서의 모세의 모습을 지켜보며 수없이 많은 영향을 받았음을 알 수 있다. 단순히 좋은 몇 마디의 말로는 좋은 영향력을 끼칠 수 없다는 말이다.

이런 의미에서 나는 우리 교회의 목회자들에게 이렇게 말한다.

"존재로 목회하라!"

목사들은 말을 많이 하는 사람들이다. 설교를 하고, 심방을 가서 권면하고, 때로는 지적도 하고 충고도 한다. 하지만 성도들은 그 말에 영향을 받는 게 아니다. 목회자는 설교나 말로 가르치기 이전에 그의 존재 자체가 말이 되고 메시지가 되어야 한다. 이런 면에서 목회자로서 내가 가장 부담을 가지고 대하는 대상은 우리 교회에서 나와 함께 사역하는 젊은 목회자들이다. 왜냐하면 그들이 오랫동안 나와 함께 목회하면서 내가 던지는 말이 아닌 나의 삶에 영향을 받을 것이기 때문이다.

나는 옥한흠 목사님 밑에서 10년 동안 있었다. 때로는 나도 모르게 옥 목사님의 모습을 너무나 많이 닮아 있어서 깜짝깜짝 놀랄 때가 있다. 목사님은 매주 화요일 아침에 교역자 회의를 인도하셨다. 지금 분당우리교회도 매주 화요일에 교역자 회의가 있다. 이런 목회의 패턴이라든가 사소한 습관 같은 것들이 옥 목사님을 닮아 있다. 더 놀라운 것은 시간이 갈수록 더 많이 닮아간다는 것이다. 그 분이 삶으로, 존재로 목회하셨기에 그 분을 바라보았던 10년 동안 내 안에 그 분의 존재가 커다란 영향력으로 스며든 것이다.

목사님이 나를 따로 불러 지도자 수업을 해주시고, 개인 과외를 해주셔서 영향을 받은 것이 아니다. 그저 한 걸음 앞서 목회의 길을 걸으셨던 목사님께서는 자신이 걸어가서야 할 그 길을 묵묵히 걸어가셨을 뿐이다. 그것을 옆에서 지켜보며 자연스레 보고 배운 것이다. 그러니 그 분의 삶 자체가 내겐 목회 과외 수업이었다. 에스더와 모르드개의 관계를 보면서, 그리고 나의 스승이셨던 옥한흠 목사님을 추억하면서 시편 말씀이 떠올랐다.

내가 주를 의뢰하고 적군을 향해 달리며 내 하나님을 의지하고 담을 뛰어 넘나이다 시 18:29

우리가 꾸어야 할 꿈은 바로 이 말씀이 구현되는 삶을 사는 것이다. 그래서 시간이 흘러 언젠가 우리가 이 땅에서 사라지고 없을 때 우리 자녀들과 후배들이 우리를 추억하면서 이렇게 회상할 수 있었으면 좋겠다.

'우리 아버지는, 우리 어머니는 인생의 위기가 찾아올 때마다 주님을 의뢰하고 적군을 향해 달리며 위기의 담을 뛰어넘으셨지.'

그러면서 동일하게 인생의 위기를 멋지게 극복해나가기를 간절히 바란다. 우리가 다 이 꿈을 품게 되기를 바란다.

지금까지 그렇게 살지 못했다고 낙심하지 말라. 지금부터 하면 된다. 이 꿈을 꾼다는 것이 중요하다. 우리가 다 시편 18편 29절의 말씀을 구현해내는 이 땅의 어른으로 우뚝 서게 되길 바란다. 그래서 위기가 닥칠 때마다 중심 없이 이리저리 흔들리고 당황하며 어쩔 줄 몰라 하는 초라한 모습이 아니라, 삶으로 중심축의 역할을 든든히 감당하는 어른이 되기를 바란다.

진정한 어른은 책망할 수 있어야 한다

둘째, 모르드개와 같은 어른이 되기 위해서는 '책망할 수 있는 권위'를 회복해야 한다.

모르드개는 에스더에게 "위기를 만난 동족을 위해 왕에게 나아가 탄원하라"라고 요청한다. 그러나 그때까지만 해도 에스더는 "나는 못합니다. 불가능한 일이에요"라고 거절한다. 그러자 모르드개가 에스더를 향해 추상같은 책망을 던진다.

> 모르드개가 그를 시켜 에스더에게 회답하되 너는 왕궁에 있으니 모든 유다인 중에 홀로 목숨을 건지리라 생각하지 말라 이 때에 네가 만일 잠잠하여 말이 없으면 유다인은 다른 데로 말미암아 놓임과 구원을 얻으려니와 너와 네 아버지 집은 멸망하리라 에 4:13,14

등골이 오싹할 정도이다. 잘못 들으면 상처받기 딱 좋은 말이다. 아마 우리 같았으면 거의 다 상처받았을 것이다. 반 협박 같은 이런 강한 권면 앞에서 상처받지 않을 사람이 얼마나 되겠는가?

그런데 놀랍게도 에스더는 저주에 가까운 모르드개의 책망 앞에 상처를 받은 것이 아니라 토 하나 달지 않고 그대로 순복하고 순종했다. 그리고 마음을 고쳐먹고 "내가 죽으면 죽으리이다" 하고 결단했다. 모르드개의 말에 에스더는 완전히 달라진 모습을 보여주었다.

어떻게 이것이 가능할까? 모르드개에게는 책망할 수 있는 권위가 살아 있었기 때문이다. 우리가 이 시대의 진정한 어른이 되기 위해서는 책망할 수 있는 권위부터 회복해야 한다.

사도 바울은 디도서에서 이렇게 말했다.

너는 이것을 말하고 권면하며 모든 권위로 책망하여 누구에게서든지 업신
여김을 받지 말라 딛 2:15

여기서 바울은 권위로 책망하라고 말한다. 책망도 권위이다. 왜 오늘날 목회자들이 디도서의 표현대로 '업신여김'을 받고 있는가? 내 기억에 우리 어린 시절의 윗대 목사님들에게는 함부로 대하기 어려운 영적 권위가 있었다. 그때는 다들 그 분들의 권위 앞에 승복했다. 목사님이 뭐라고 한 마디를 권면하시면 머리가 하얗게 센 어른들도 다 순종하셨다.

그런데 지금은 아쉽게도 우리 목회자들에게 그런 영적 권위가 없다. 아니, 그 권위를 잃어버렸다. 왜 그렇게 되었을까? 왜 오늘날의 목회자들이 성도들에게 하는 권면이 먹히지 않을까?

여러 요인이 있겠지만, 가장 결정적인 것은 목회자 자신이 본을 보이며 목회하는 '존재로 하는 목회'의 모습을 잃었기 때문이고, 그러다보니 영적 권위를 가지고 책망하는 위엄(dignity)이 없어져 그렇다고 본다. 윗 구절은 표준새번역에 이렇게 되어 있다.

그대는 권위를 가지고 이것들을 말하고 신도들을 권하고 책망하십시오. 아
무도 그대를 업신여기지 못하게 하십시오. 딛 2:15, 표준새번역

목회자로서 이 영적 권위가 없는 현실이 가슴 아프다. 그러다보니 오늘날 말씀이 선포되는 강단에서 책망은 거의 들을 수 없다. 기독교 방송에서 나오는 설교 방송을 들어보면, 말랑말랑한 내용의 따뜻한 위로와 격려의 설교들은 많아도 잘못을 지적하는 말씀은 잘 들을 수가 없다. 왜 그럴까? 책망해봐야 소용없기 때문이다. 통하지도 않는데 뭐하러 책망하겠는가?

오늘날 한국 교회 강단의 초라한 현실 가운데 하나가 바로 이것이다. 책망의 권위가 사라져버렸다. 어쩌다가 이렇게 되었는가? 놀라운 하나님의 권위를, 책망의 권위를 자신의 사사로운 감정으로 잘못 사용했기 때문에 그런 것 아닌가?

우리의 교회 안에서 책망의 권위가 회복되어야 한다. 우리의 가정 안에서 책망의 권위가 회복되어야 한다.

영적 권위가 있을 때 책망에 권위가 실린다

마가복음 9장을 보면, 예수님이 베드로와 야고보와 요한만 데리고 변화산에 올라가시는 내용이 나온다. 그리고 산을 내려와 제자들에게 가셨는데, 웅성웅성하면서 뭔가 소란스럽다. 무슨 일인가 보니, 제자들이 난감한 상황에 빠져 있다.

무리 중에 하나가 대답하되 선생님 말 못하게 귀신들린 내 아들을 선생님께 데려왔나이다 귀신이 어디서든지 그를 잡으면 거꾸러져 거품을 흘리며 이

를 갈며 그리고 파리해지는지라 내가 선생님의 제자들에게 내쫓아 달라 하
였으나 그들이 능히 하지 못하더이다 막 9:17,18

그러자 바로 다음 절에서 예수님이 무섭게 제자들을 책망하신다.

대답하여 이르시되 믿음이 없는 세대여 내가 얼마나 너희와 함께 있으며 얼
마나 너희에게 참으리요 그를 내게로 데려오라 막 9:19

추상같은 꾸짖음이다. 사람들이 많은 데서 공개적으로 책망하셨
다. 요즘 말로 바꾸면 이런 분위기일 것이다.
"너희들 도대체 뭐하는 거니? 내가 얼마나 가르쳐야 너희들이 정
신을 차리겠니?"
이 장면 외에도 예수님은 제자들을 향해 종종 "이 믿음 없는 자들
아!"라고 하시며 책망의 말씀을 하셨다.
선지자 나단도 마찬가지이다. 사무엘하 12장에 보면, 다윗이 성
적으로 죄를 범한 이후에 나단이 무섭게 다윗을 책망하는 장면이
나온다. 다윗은 비록 왕이었지만 선지자 나단의 추상같은 책망과
지적 앞에 아무 소리 못하고 순복하며 눈물의 회개의 자리로 나아
간다.
이것이 책망의 권위이다. 권위는 사람이 만들어내는 것이 아니다.
영적으로 무장되어 있을 때 진정한 책망의 권위가 살아날 줄 믿는

다. 오늘 우리에게 이런 영적 권위가 있기를 바란다. 교회의 리더들에게 이런 영적 권위가 회복되기를 바란다. 부모님들에게, 선생님들에게 영적 권위가 회복되기를 정말 간절히 바란다.

요즘 아이들에게는 어른이 없다. 때로는 그 모습이 참 안쓰럽게 느껴진다. 뭐든지 '오냐오냐' 하면서 '네가 최고다' 하고 떠받들어주다 보니 세상의 중심이 자기인 줄 안다. 그러나 그것은 진정한 인생의 행복이 아니다. 중심이 흔들릴 때 책망의 권위를 사용하여 바르게 잡아줄 어른이 필요하다. 각 가정마다 하나님이 주신 책망의 권위가 회복되어 모르드개가 에스더에게 보여준 모범이 회복되는 은혜가 있기를 바란다.

사랑이 있어야 책망도 할 수 있다

셋째, 우리가 모르드개와 같은 어른이 되기 위해서는 '아비의 심정'을 회복해야 한다.

사실 모르드개는 에스더의 아버지가 아니다. 그럼에도 그를 보면 아비의 심정이 느껴졌다. 왜 그런가? 에스더는 모르드개의 독설에 가까운 충고를 듣고도 상처가 없다. 어떻게 이게 가능했는지를 곰곰이 생각하다가 발견한 구절이 있다.

그의 삼촌의 딸 하닷사 곧 에스더는 부모가 없었으나 용모가 곱고 아리따운 처녀라 그의 부모가 죽은 후에 모르드개가 자기 딸같이 양육하더라 에 2:7

모르드개가 책망할 수 있는 권위를 부여받게 된 이유가 여기에 있다. 어릴 때 부모를 여의고 고아가 된 에스더를 거두어준 모르드개는 의무감으로 그녀를 돌본 것이 아니다. 그는 에스더를 '자기 딸같이' 양육했다. 그러다보니 자칫 오해해서 들으면 꼭 저주하는 것같이 들리는 모르드개의 직선적인 책망을 듣고도 상처를 받지 않을 수 있었던 것이다. 평상시 자신을 대하는 태도를 통해 자식을 불쌍히 여기는 아비의 심정을 경험하고 있었기 때문이다.

내 기억에 옥한흠 목사님은 참 무서웠던 분으로 남아 있다. 옥 목사님은 책망의 권위를 가지고 주일 강단에서도 거침없이 성도들을 책망하셨던 분이다. 함께 사역하던 교역자들이 가장 두려워하는 시간은 화요일 아침의 교역자 회의 시간이었다. 얼마나 무섭게 꾸짖고 책망하시는지, 회의 분위기가 꼭 찬물을 끼얹은 것처럼 꽁꽁 얼어붙기 일쑤였다.

언젠가 목사님이 어느 교구 목사가 성도들을 잘 돌보지 않는다는 사실을 알게 됐다. 그러자 그것에 노하셔서 직격탄을 쏘아대셨다.

"왜 우리 성도를 괴롭히느냐? 그럴 거면 사표를 내고 나가라. 목회를 그만두고 나가란 말이야!"

얼마나 크게 불호령을 내리시는지, 심장이 얼어붙는 것 같았다. 그런데 정말 희한한 것은 그렇게 불호령을 내리며 책망을 하시는 데도, 그 책망을 받은 당사자가 상처를 안 받는다는 것이다. 이것이 내게는 정말 불가사의한 일이었다.

'어떻게 저런 말을 듣고도 상처를 안 받을 수 있지?'

그런데 이 질문에 대한 답을 모르드개에게서 얻었다. 옥 목사님이 그렇게 직격탄을 날리며 책망하신 것은 그 사람에 대한 원망과 분노의 표현이 아니었다. 제대로 된 목회자가 되기를 바라는 목사님의 심정이 그대로 전달되니 책망을 받아도 상처가 안 된 것이다. 우리는 이 사실을 명심해야 한다. 사랑이 없으면 책망과 충고가 제대로 먹히지 않는다. 그래서 나는 "사랑하지 않으면 충고하지 말라"라고 한다. 이것이 내 지론이다.

비뚤어진 책망의 비극

언젠가 어느 목사님의 설교를 듣는데, 이런 예화가 나왔다. 교회 관리 집사님이 교회 앞마당에서 개 두 마리를 키우는데, 얼마나 정성을 다해 키우는지 그 모습에 감동을 받았다고 한다. 그런데 그 개의 이름을 알고는 경악을 했다. 한 마리의 이름은 '수육'이고 다른 한 마리의 이름은 '전골'이었다. 슬프게도 그해 여름이 끝나고 그 두 마리의 개는 흔적도 없이 사라졌다는 슬픈 이야기가 전해진단다. 온 정성을 다해 아무리 잘해주면 뭐하는가? 결국 잡아먹을 건데 말이다.

마찬가지이다. 우리가 누군가에게 책망을 하느냐 하지 않느냐가 문제가 아니다. 내 마음이 그 사람의 영혼에 머물러 있느냐 아니냐 하는 것이 중요하다. 그 사람의 영혼을 진심으로 위하는 마음이 아니라 어떻게든 이용하기 위해 책망한다면, 그 책망엔 권위가 담기지 않는다. 우리가 하나님 앞에서 진심으로 한 영혼 한 영혼을 그 자체로 존중하며 귀히 여길 때, 거기에 책망의 권위가 실리는 것이다.

존 부스(John Wilkes Booth)라는 소년이 있었다. 그는 아주 어릴 때부터 부모에게 상처를 많이 받았다. 그의 부모는 그 아이를 형과 비교하며 나무랐다.

"네 형은 안 그러는데 넌 왜 이 모양이니? 같은 배 속에서 나왔는데 왜 이렇게 달라? 형의 반만이라도 좀 따라가봐라!"

어릴 때부터 비교와 편애 속에 자라다보니 존 부스의 내면에는 늘 이런 열등감이 자리 잡고 있었다.

'나는 못난 놈이야. 나는 형과 같이 될 수 없어.'

나중에 성장한 후에 보니, 형은 부모의 격려 속에서 모범생으로 자라 훌륭한 정치가가 되었는데, 자기 모습은 너무 초라했다.

'나도 유명한 사람이 되고 싶어. 어떻게 하면 나도 유명한 사람이 될 수 있을까?'

열등감에 사로잡혀 있던 부스는 이런 생각을 하기에 이르렀다.

'내가 아주 유명한 사람을 죽인다면 나도 유명해지겠지!'

결국 존 부스는 이 생각을 실행에 옮겼다. 이 청년이 죽인 사람이 미국의 16대 대통령 에이브러햄 링컨이다.

무엇이 그를 이렇게 끔찍한 자리로 이끌었는가? 아비의 심정으로 전해진 제대로 된 책망이 없었기 때문이다. 그래서 성경은 이렇게 권면한다.

> 우리는 그리스도의 사도로서 마땅히 권위를 주장할 수 있으나 도리어 너희 가운데서 유순한 자가 되어 유모가 자기 자녀를 기름과 같이 하였으니 살전 2:7

책망이 제대로 효과를 발휘하기 위해서는 한 영혼 한 영혼이 하나님의 형상을 닮은 존귀한 인격체임을 인정하는 태도가 중요하다. 그리고 책망이 이뤄지기에 앞서 아비의 심정으로 양육하는 사랑이 필요하다. 바로 그럴 때 진정한 책망의 권위가 살아난다.

그 능력은 예수님에게서 시작된다

오늘 이 시대는 그 어느 때보다 어른이 필요한 시대이다. 우리 자녀들은 어른 없는 세상을 살고 있다. 그래서 우리는 늘 이렇게 기도해야 한다.

"하나님, 제가 우리 자녀들에게 진정한 어른이 되기를 원합니다. 모르드개와 같은 역할을 감당하기 원합니다."

그러기 위해서는 우리가 중심축 역할을 감당해야 한다. 우리 아이들은 아직 어리고 미숙하여 인생의 중심을 잡기가 어렵다. 부모인 우리가 그 역할을 감당할 수 있어야 한다. 그리고 책망할 수 있는 권위를 회복해야 한다. 그 책망이 상처로 흐르는 것이 아니라 에스더처럼 "죽으면 죽으리이다"라고 결단하는 데로 흐를 수 있도록 제대로 된 책망의 권위가 세워져야 한다.

그리고 이것이 가능할 수 있도록 아비의 심정을 회복해야 한다. 진심으로 영혼을 사랑하는 마음이 우리 안에 있어야 한다. 이 사랑이 없으면 책망의 권위는 서지 않는다. 진심으로 자녀를 사랑하는 마음, 진심으로 성도를 사랑하는 마음, 진심으로 공동체 지체들을 사랑하는 마음, 그 마음이 책망의 권위를 만들어낸다.

그런데 그보다 더욱 중요한 것이 있다. 이 모든 것을 예수 그리스도에게서 전수받아야 한다는 사실이다. 그분을 내 마음에 모셔 내 삶의 중심축이 되시게 해야 한다. 그리고 내가 잘못된 길을 갈 때에 주님이 책망해주시길 구해야 한다. 주님이 책망하실 때에 즉시 순복하고 돌이키는 겸손이 우리 안에 있어야 한다.

그런가 하면 우리가 낙심할 때에 우리의 눈물을 닦아주시는 주님을 경험해야 한다. 주님은 부활하신 이후에 절망과 낙심 속에 있던 제자들을 찾아가 "평안을 너희에게 주노라"(요 14:27) 하시며 위로하셨다. 자신을 세 번이나 부인했던 베드로를 찾아가 친히 조반을 준비해주시며 "내 양을 먹이라"고 세 번 말씀하셨다(요 21:15-17 참조). 우리가 그 주님을 만나야 한다. 주님의 그 사랑과 위로를 경험해야 한다. 그럴 때 우리 안에서 아비의 심정이 회복될 줄 믿는다.

주님이 우리의 중심축이 되어주신다. 주님이 우리를 책망하시고 바른 길로 인도하신다. 그리고 주님이 우리의 아버지가 되시어 우리를 품어주신다.

우리가 다 그 주님을 의지하면서 이 시대의 진정한 어른이 되기를 구하자. 그래서 어른이 없는 이 시대에 진정한 어른으로서, 에스더의 중심을 잡아주며 이끌었던 모르드개와 같은 역할을 감당하기를 바란다.

에스더서 4장 15-17절
에스더가 모르드개에게 회답하여 이르되 당신은 가서 수산에 있는 유다인을 다 모으고 나를 위하여
금식하되 밤낮 삼 일을 먹지도 말고 마시지도 마소서 나도 나의 시녀와 더불어 이렇게 금식한 후에
규례를 어기고 왕에게 나아가리니 죽으면 죽으리이다 하니라 모르드개가 가서 에스더가 명령한 대로
다 행하니라

책망을
받아들이는 것도 용기다

수용성이 있어야 책망도 빛이 난다

앞 장에서 우리는 에스더서 4장 말씀을 통해 진정한 어른의 모범을 보인 모르드개에 대해 살펴보았다. 이번 장에서는 동일한 에스더서 4장을 통해 에스더의 모습을 집중적으로 살펴보고자 한다. 여기에 나타나는 에스더의 모습에서 우리가 본받아야 할 귀한 모습들이 발견된다.

이미 살펴본 것처럼, 모르드개는 왕에게 나아가 민족의 위기를 알려달라는 자신의 요청에 난색을 표현한 에스더에게 가혹할 정도로 혹독한 말을 내뱉었다.

너는 왕궁에 있으니 모든 유다인 중에 홀로 목숨을 건지리라 생각하지 말라

이 때에 네가 만일 잠잠하여 말이 없으면 유다인은 다른 데로 말미암아 놓임과 구원을 얻으려니와 너와 네 아버지 집은 멸망하리라 에 4:13,14

이런 직설적인 꾸지람을 할 수 있는 진정한 권위자로서의 모르드개의 모습은 귀하다. 그러나 여기에서 놓쳐서는 안 되는 사실이 있다. 바로 에스더의 '수용'이다. 어떤 사람에게는 이런 직선적인 꾸지람이 마음을 흔들어놓는 낙심과 좌절을 가져다주지만, 어떤 사람에게는 성장의 밑거름이 된다. 에스더는 후자에 해당한다.

그는 모르드개의 당황스러운 직언에 상처는 고사하고 그의 말을 있는 그대로 건강하게 다 수용하여 자신의 태도를 수정한다. 에스더에게 이런 좋은 태도가 없었다면 아무리 모르드개의 책망이 있었다 해도 아름다운 결과를 맺을 수 없었을 것이다. 손뼉도 마주 쳐야 소리가 나는 것처럼 한쪽만 성숙하다고 해서 성숙한 결과가 나타나는 것이 아니다.

이런 측면에서 모르드개의 권위도 본받아야 할 중요한 덕목이지만, 누가 들어도 분노할 수밖에 없는 이야기를 왜곡하지 않고 있는 그대로 받아들이는 에스더의 수용성이 정말 중요하다. 특히 신앙생활에 있어서 수용성은 정말 중요한 사안이다.

신축성을 잃으면 은혜에 눈뜰 수 없다

수용성이 왜 그렇게 중요한가? 예수님도 바로 이 부분에 대해 권면해주신 적이 있다.

> 새 포도주를 낡은 가죽 부대에 넣지 아니하나니 그렇게 하면 부대가 터져 포도주도 쏟아지고 부대도 버리게 됨이라 새 포도주는 새 부대에 넣어야 둘이 다 보전되느니라 마 9:17

주님은 새 포도주와 낡은 가죽 부대의 비유로 수용성에 대한 개념을 설명하고 계신다. 새 포도주는 발효한다는 특징을 가지고 있다. 포도주가 발효하는 과정 중에 가스가 부글부글 끓어오르면서 부피가 팽창한다. 그래서 당시 사람들은 포도주를 담는 용기로 염소나 양의 가죽으로 만든 부대를 사용했는데, 그 이유는 가죽이 내용물이 팽창하여 부피가 늘어나면 그에 맞게 늘어나는 신축성을 가지고 있기 때문이다.

그러나 문제는 처음에 좋은 신축성으로 발효하는 포도주를 소화해냈던 가죽 부대가 시간이 흐르면서 신축성을 잃고 경직된다는 것이다. 그렇기 때문에 낡은 가죽 부대에 새 포도주를 담으면 발효하여 늘어나는 부피를 감당하지 못하고 결국 터져버리고 만다.

정말 많은 것을 생각하게 하는 말씀 아닌가? 주님이 왜 이 말씀을 주셨는지 그 배경을 살펴보자. 이 말씀을 하시기 바로 직전, 예수님은 세리인 마태의 집에서 교제를 나누셨다. 당시 세리는 동족들의 피를 빨아먹는 흡혈귀와 같은 악한 존재로 여겨졌다. 그런데 예수님은 마태의 집에 앉아 음식을 드실 때에 많은 죄인들과 함께 계셨다(마 9:10).

바리새인들은 예수님의 이 모습을 견딜 수가 없었다. 그래서 예수님의 제자들에게 불평을 토로했다.

> 바리새인들이 보고 그의 제자들에게 이르되 어찌하여 너희 선생은 세리와
> 죄인들과 함께 잡수시느냐 마 9:11

바리새인들의 눈에 마태와 같은 세리는 상종할 만한 인간이 아니었다. 사실 이런 바리새인들의 생각이 완전히 잘못된 생각이라고 말하기는 어렵다. 세리들은 분명 그 시대에 비난받아야 할 죄인들이었다. 그러나 여기서 예수님이 지적하시는 바리새인들의 잘못은 자기 생각과 판단의 틀에 갇혀서 예수님이 왜 그렇게 행동하시는지를 이해하지 못하는 경직된 태도이다.

혹시 이것이 오늘 우리의 모습은 아닌가? 오늘 우리의 모습 중에 당시 주님이 바리새인들에게서 발견하셨던 '낡은 가죽 부대'와 같이 경직된 모습은 없는가?

믿는 자들의 굳어진 심령

바리새인들뿐만이 아니다. 바리새인들이야 그렇다 치고 요한의 제자들이라면 그래도 건강한 신앙을 가진 자들이 아닌가? 그런데

그런 그들조차 경직된 생각을 버리지 못한 채 예수님께 "왜 당신의 제자들은 금식하지 않습니까?"라며 시비를 걸었다.

그때에 요한의 제자들이 예수께 나아와 이르되 우리와 바리새인들은 금식하는데 어찌하여 당신의 제자들은 금식하지 아니하나이까 마 9:14

이런 걸 보면 예수님도 참 피곤하셨을 것 같다. 시비 거는 사람들이 끊이지 않는다.

"이것은 왜 이렇게 합니까? 저것은 왜 저렇게 하는 거지요?"

예수님은 이런 상황에서 낡은 가죽 부대로 살면 안 된다는 메시지를 주신 것이다. 그렇다면 이것이 무슨 의미이겠는가? 하나님을 모르는 세상 사람들만 경직된 것이 아니다. 믿는 자들의 경직된 태도가 더 큰 문제이다. 장로나 권사, 심지어 말씀을 전하는 목회자조차도 딱딱하게 굳어진 낡은 가죽 부대가 될 수 있다.

요나를 보라. 그는 한 시대를 대표하는 선지자였다. 그런데 그조차 경직된 생각에 사로잡혀 하나님의 명령에 불순종했다. 하나님께서는 죄악이 가득한 니느웨 성을 회개시키기 원하셨다. 그것이 하나님의 놀라운 꿈이요 비전이었다. 그러나 요나는 악한 니느웨 성은 심판받아 마땅하다는 경직된 사고에 사로잡혀 있었다. 그래서 그는 하나님이 명하신 니느웨와 정반대인 다시스로 가는 배를 탄 것이다.

자기 고집을 꺾지 않고 끝끝내 다시스로 향한 요나의 경직된 생각은 언제 바뀌는가? 그는 자기가 탄 배가 풍랑을 만나는 절망 속에서 하나님을 믿지 않는 선장에게 수치스럽고 치욕스러운 충고를 들었다. 그리고 바다에 던져지는 아픔을 겪고 나서야 자신의 경직된 생각을 고쳐먹고 니느웨로 향한다.

얼마나 미련한가? 그런데 이것이 다름아닌 우리의 모습이기도 하다. 아무리 말씀으로 권면하고 권면해도 이미 굳어져 있는 생각을 바꿀 마음이 전혀 없는 우리가 낡은 가죽 부대이다.

사울은 어떤가? 나이 어린 다윗이 물맷돌로 골리앗을 물리쳐 위기에 빠진 이스라엘을 구해냈다. 얼마나 대견하고 고마운가? 그런데 철없는 백성들이 "사울은 천천이요, 다윗은 만만이다"라고 자기보다 다윗을 높이는 노래를 불렀다고 완전히 돌변한다. 다윗을 기필코 죽이고 말겠다는 경직된 생각에 사로잡히고 말았다. 요나는 그래도 고난 중에 마음을 고쳐먹었지만, 사울은 끝까지 그 생각을 바꾸지 않았다.

우리 중에 "나는 낡은 가죽 부대가 좋은 것 같아. 지조도 없이 쭉쭉 늘어나는 새 가죽 부대는 내 스타일이 아냐. 난 낡은 가죽 부대를 택할 거야"라고 하면서 낡은 가죽 부대가 되기를 자처하는 사람은 없을 것이다. 그런데 어쩌다 이렇게 딱딱하게 굳어진 낡은 가죽 부대가 되어버린 것일까? 어쩌다 말씀이 선포되어도 감동이 없는 냉랭하고 경직된 신앙인으로 전락해 버렸을까?

처음부터 그랬던 것은 아닐 것이다. 누구에게든 눈물로 말씀을 받고, 감격하며 반응했던 때가 있었을 것이다. 종종 교회 게시판에서 이제 예수님을 믿은 지 두세 달밖에 안 되었다는 초신자들의 글을 보며 은혜를 받을 때가 많다. 그 믿음이 얼마나 순수한지 모른다. 놀라운 신축성으로 말씀을 받는다. 우리도 처음에는 그렇게 시작했다.

하나님께서는 말씀을 통해 우리가 이 사실을 깨닫기를 원하신다. 우리 자신이 낡은 가죽 부대가 되어 있다는 사실을 자각하기를 원하신다. 그래서 자각으로 끝낼 것이 아니라 다시 신축성 있는 새 가죽 부대로 바뀌기를 원하신다.

'함께'를 발견하는 기쁨

그렇다면 우리가 에스더처럼 생각의 경직을 풀고 신축성을 가지고 나아가면 어떤 은혜를 누릴 수 있을까? 첫째로, '함께의 정신'을 구현할 수 있게 된다.

생각의 경직을 푼 에스더가 모르드개에게 무슨 부탁을 하는가?

당신은 가서 수산에 있는 유다인을 다 모으고 나를 위하여 금식하되 밤낮 삼 일을 먹지도 말고 마시지도 마소서 에 4:16

생각의 경직을 푼 에스더가 누린 첫 번째 복은 '혼자가 아니다'란 것을 깨달은 것이다. 그녀에게는 자신의 경직된 생각을 교정해준 모르드개가 있었으며, 더불어 기도했던 시녀가 있었고, 또 자신과 같은 길을 걸어간 동족들이 있었다.

생각의 경직을 풀지 못한 사람들은 스스로 자청하여 고독의 자리로 간다. 매일 외롭다. 혼자라고 생각한다. 정말 안타까운 일이다. 아직 경직된 생각에 갇혀 있던 에스더 역시 혼자였고, 고립되어 있었다.

> 모르드개가 그를 시켜 에스더에게 회답하되 너는 왕궁에 있으니 모든 유다인 중에 홀로 목숨을 건지리라 생각하지 말라 에 4:13

나는 이 구절에서 두 단어에 눈길이 갔다. '왕궁에'와 '홀로'라는 단어였다. 에스더서 4장의 정황을 보면, 모르드개가 자기 민족의 위기 앞에 굵은 베 옷을 입고 재를 뒤집어쓰고 대성통곡하며 고통스러워 하고 있는데, 에스더는 왕궁에 갇혀 그 사실조차 모르고 있었다. 이것이 고립이다. 옆에서 무슨 일이 벌어지고 있는지 전혀 모른 채 홀로 있는 것이다.

현실적으로 한국 교회의 80,90퍼센트가 미자립교회라는 말들을 하곤 한다. 그런데 만약 분당우리교회가 '우린 예산도 넉넉하고 모자란 것 없이 충분히 만족스러워' 하면서 우리끼리 즐기는 데 몰두한다면, 그것이 바로 고립이고 변질이다. 믿음이 자라면서 우리는 홀로 있는 고립의 자리에서 더불어 함께하는 소통의 자리로 옮겨가야 한다.

이제 모르드개의 충고를 받아 경직된 생각을 깨뜨린 에스더가 한 말을 보자.

나도 나의 시녀와 더불어 이렇게 금식한 후에 에 4:16

왕궁에 홀로 있던 에스더의 입에서 '더불어'라는 말이 나오기 시작했다. '함께의 기쁨'을 발견하기 시작한 것이다.

하나를 찾음으로 열 개를 나누는 기쁨

누가복음 15장에는 세 가지 비유가 나온다. 그런데 독특하게도 이 세 가지 비유의 결론이 다 똑같다. 가장 먼저 나오는 '잃은 양을 찾은 목자의 비유'의 결론이 무엇인가?

또 찾아낸즉 즐거워 어깨에 메고 집에 와서 그 벗과 이웃을 불러 모으고 말하되 나와 함께 즐기자 나의 잃은 양을 찾아내었노라 하리라 눅 15:5,6

"나와 함께 즐기자." 이것이 결론이다.

두 번째 비유인 '잃은 드라크마를 찾은 여인의 비유'는 어떤가?

또 찾아낸즉 벗과 이웃을 불러 모으고 말하되 나와 함께 즐기자 잃은 드라크마를 찾아내었노라 하리라 눅 15:9

"나와 함께 즐기자." 토씨 하나 안 틀리고 결론이 똑같다.

마지막으로 나오는 '잃은 아들을 되찾은 아버지의 비유'에서도 마찬가지이다. 집 나간 탕자가 돌아오자 아버지는 자기 혼자 기뻐하지 않고 살진 송아지를 잡아 잔치를 열어 주변 사람들과 함께 기뻐했다(눅 15:22-23 참조).

이 말씀에 담긴 예수님의 메시지가 무엇인가? 신앙생활은 '더불어 함께'의 정신이다. 나 혼자 기뻐하는 것이 아니란 것이다. 신앙생활은 '기브 앤 테이크(give and take)', 주는 만큼 받는 게 아니다. 당시 한 드라크마의 가치는 노동자의 하루 품삯 정도였다. 요즘으로 치면 대략 5만 원에서 10만 원 내외인데, 10만 원 찾았다고 30만 원어치 나누는 게 신앙생활이다. 내가 손해 안 볼 만큼 주고, 준 만큼 받아내는 것이 아니란 말이다.

우리는 '왕궁에', '홀로' 머물러 있는 낮은 단계의 자리에서 일어나 '더불어', '함께'의 자리로 나아가야 한다. 이것이 "즐거워하는 자들과 함께 즐거워하고 우는 자들과 함께 울라"(롬 12:15)라는 말씀을 구현하는 삶이다. 우리 모두에게 '함께'의 정신을 삶에서 구현해내는 은혜가 있기를 바란다.

가장 소중한 만남은 가까이에 있다

간혹 나를 아끼는 선배 목사님이 전화를 주실 때가 있다. 얼마나 힘들고 외롭냐고, 그래서 하는 권면인데, 본인이 참여하고 있는 조찬 모임에 함께하자고 말이다. 그런가 하면 또 어떤 목사님은 목사님들끼리 골프 치는 모임이 있는데, 함께하지 않겠냐고 권면을 한다.

사실 나를 위한 고마운 제안들이다. 하지만 나는 그런 제안에 응한 적이 없다. 왜인가? 외롭지 않기 때문이다. 분당우리교회에서 나와 동역하는 후배 교역자들이 이렇게 많은데 왜 외로운 생각이 들겠는가? 마음을 나눌 수 있는 동역자는 먼 곳에 있지 않다. 바로 곁에서 나와 함께 같은 길을 가는 후배들이 다 나의 동역자들이다.

때로는 설교 준비를 하다가 마음이 좀 허전하고 외롭단 기분이 들면 바로 옆방에 있는 교역자들에게로 간다. 그들과 농담을 주고받으며 웃으면서 대화하다보면 금방 마음이 풀린다. 그러니 외로움을 달래겠다고 멀리 서울까지, 골프장까지 일부러 찾아갈 필요가 없는 것이다.

동역하는 장로님들은 또 어떤가? 어떤 분은 내게 따뜻한 형님으로, 어떤 분은 나를 의지하는 동생으로 아름다운 동역의 관계를 형성한다. 진정으로 서로가 잘되기를 축복하는 형제들이다. 이런 분들이 주변에 계시기에 외롭지 않게 갈 수 있다.

뿐만 아니라 우리 교회에는 "그 작은 자가 천 명을 이루겠고 그

약한 자가 강국을 이룰 것이라"는 이사야서 60장 22절의 말씀을 붙잡고 자신에게 맡겨진 순원들을 진심으로 섬기는 많은 순장님들이 계신다. 같은 꿈을 꾸면서 같은 길을 걷는 이들이야말로 진정으로 나의 기쁨이고 행복의 원천이다. 이런 면에서 내 가장 가까이에서 동역하는 우리 교회의 교역자들과 성도님들은 내게 은인이고 감사의 대상이다.

예수님을 믿는 우리가 혼자 개별적으로 하나님께 나아가지 않고 공동체적으로 교회를 이루어 예배하고 찬양하게 하신 데에는 이유가 있다. '함께의 기쁨'을 누리라는 것이다. 우리가 생각의 경직을 깨뜨리고 주변을 돌아보면 정말 복된 만남이 바로 내 옆에 있다는 것을 발견하게 될 것이다.

생각의 경직을 풀 때 함께 기도할 수 있다

우리가 에스더처럼 생각의 경직을 풀고 신축성을 가질 때 누릴 수 있는 두 번째 은혜는 함께의 정신을 구현할 '중보기도'에 눈을 뜨게 된다는 것이다. 모르드개의 책망으로 생각을 고쳐먹은 에스더는 모르드개에게 중보기도를 부탁한다.

당신은 가서 수산에 있는 유다인을 다 모으고 나를 위하여 금식하되

에 4:16

생각의 경직을 깨뜨리자마자 자신이 사용할 수 있는 너무나 놀라운 도구가 있음을 알게 된 것이다. '기도'라는 도구를 가지고 함께 금식하며 중보할 수 있는 공동체가 있다는 것은 정말 놀라운 축복이다.

얼마 전에 신문을 보다가 모 국악제 판소리 명창부에서 대통령상을 받은 사람에 대한 기사를 보았다. 흥미롭게 보고 넘겼는데, 그날 오후에 교구 담당 목사에게서 연락이 왔다. 축하해 드려야 할 성도님이 있어 알린다고 하는데, 가만히 들어보니 아침에 기사에서 보았던 바로 그 분이었다. 그 분이 우리 교회의 성도라는 것이었다.

너무 반가워서 전화로 축하 인사를 전했다. 내가 인사를 전하자 그 분이 이렇게 대답하셨다.

"목사님, 제가 이번에 대통령상을 받게 된 것은 다 저희 다락방 식구들 덕분이에요."

함께 모이는 소그룹 지체들인 다락방 식구들 덕분에 자기가 상을 받을 수 있었다는 것이다. 이야기를 들어보니, 그 분이 이번에 처음 출전한 것이 아니라 2010년부터 벌써 다섯 번째 출전이라고 한다. 그런데 이상하게도 그 대회에만 나가면 잘 안 되었다고 한다. 그래서 이번에는 출전을 앞두고 소그룹 리더인 순장님에게 기도 부탁을 했다. 그러자 순장님은 다락방 식구들에게 이틀 동안 그 지체를 위해 금식하며 기도하자고 제안했고, 다 함께 금식기도를 했다고 한다. 그 기도 덕분에 대통령상을 받게 되었다는 것이다. 그 분의 이야기가 내 마음에 감동이 되었다. 피 한 방울도 안 섞인 남을 위해 이틀이나 밥을 굶어가며 기도를 해준다는 게 말이 되는 일인가?

중보기도, 목회의 기본

이런 점에서 목회하는 나에게 큰 지침이 되는 말씀이 있다.

그러므로 내가 첫째로 권하노니 모든 사람을 위하여 간구와 기도와 도고와 감사를 하되 딤전 2:1

디모데전서와 후서는 사도 바울이 아들 같은 후배 목회자인 디모데에게 목회 수업을 시키는 내용이다. 내용을 살펴보면, 디모데전서 2장부터 본격적인 목회 수업이 펼쳐지는데, 그때 바울은 가장 먼저 이 말씀, 모든 사람을 위하여 '간구와 기도와 도고와 감사'를 하라고 권한다. 즉 모든 사람을 위해서 기도하라는 말이다.

어떤 신학자들은 간구와 기도와 도고와 감사에 각각 다른 뜻이 있다고 분석하기도 하지만, 이것을 통틀어 말하면 다 '기도'이다. 그렇다면 간단히 '기도하라'고 말하면 될 것을 복잡하게 설명하는 이유가 무엇인가? 그만큼 기도를 강조하기 위해서이다. 바울은 지금 목회의 길을 걷고 있는 아들 같은 디모데에게 이렇게 가르치고 있는 것이다.

"목회에 중요한 것이 많지만 가장 중요하고 또 가장 먼저 말하고 싶은 것은 교회 안에 중보기도가 흘러야 한다는 것이다.”

나는 분당우리교회를 개척할 때까지 어른들을 대상으로 한 교구 목회를 전혀 경험해보지 못했다. 10여 년을 중고등학생들만 상대하다가 개척을 한 것이다. 그러다보니 마음이 불안했다. 그래서 주변의 선배 목회자에게 많이 물어보았다.

“도대체 목회란 무엇입니까? 제가 지금 교회 개척을 앞두고 있는데 무엇을 준비해야 합니까?”

그랬더니 돌아오는 답이 다 달랐다. 어떤 목사님은 “목회는 설교이다. 설교에 성공해야 한다”고 하면서 설교에 목숨을 걸라고 하셨고, 또 다른 목사님은 “목회는 인격이다. 요즘 성도들은 목사가 강단에서 말을 잘한다고 감동받지 않는다. 인격이 좋아야 한다”고 하셨고, 또 다른 목사님은 “목회는 관계이다. 대인 관계를 잘 맺어야한다”라고 권면해주셨다.

다 맞는 이야기이다. 그런데 성경은 목회를 뭐라고 설명하는가? 중보기도라는 것이다. 이런 측면에서 기도가 살아 있는 교회, 중보기도가 흐르는 교회가 좋은 교회이다. 우리 안에, 또 우리 교회 안에 이 중보기도의 능력이 회복되기를 바란다.

중보기도에 진짜 능력이 있다

오래전에 중보기도와 관련하여 매우 흥미로운 기사를 본 적이 있다. 〈뉴욕타임즈〉에 실린 기사를 재인용한 기사였는데, 불임치료를 연구하는 한국과 미국의 전문가들이 공동으로 연구한 것을 발표한 내용이었다.

차병원의 차광렬 원장과 컬럼비아의대 산부인과의 로저리오 A. 로보 과장이 생식의학 전문지인 〈저널 오브 리프로덕티브 헬스 (Journal of Reproductive Health)〉에 "제3자의 기도가 불임치료의 효과를 높여준다"는 연구 결과를 발표한 것이다. 그들은 1998년부터 1999년 사이에 차병원에서 불임치료를 받은 199명의 환자와 미국, 캐나다, 호주의 기독교 신자들을 대상으로 '기도와 임신 성공률'에 관해 조사했다.

연구진은 환자가 모르게 불임치료를 받는 환자를 두 그룹으로 나누었다. 그리고 한 그룹은 미국, 캐나다, 호주에 있는 각기 다른 종파의 기독교 신자들에게 사진을 나누어주고 그들이 임신에 성공할 수 있도록 기도를 부탁했고, 다른 한 그룹은 기도를 부탁하지 않았다. 그러자 깜짝 놀랄 결과가 나타났다. 중보기도를 받으며 불임치료를 한 여성들의 임신 성공률이 기도를 받지 않은 여성들의 임신 성공률보다 두 배나 더 높게 나타난 것이다. 공동연구자인 로보 박사는 이렇게 말했다.

"연구 결과가 도저히 있을 수 없는 일처럼 느껴졌기 때문에 이를 발표해야 할지 오랫동안 고민했다. 하지만 두 그룹 사이의 임신율 차이가 너무나 컸기 때문에 무시할 수가 없었다."

그런가 하면 기도의 효과와 관련한 또 다른 기사도 있다. "기도가 범죄율을 낮춘다"는 기사였다. 미국의 수도인 워싱턴 DC에서 살인 사건이 너무 빈번하게 일어나 '살인 수도'라는 불명예스러운 별명까지 얻게 되었는데, 미국에 기도 운동의 바람이 불자 놀랍게도 워싱턴의 범죄율이 현저하게 떨어졌다는 것이다. 폭력 범죄의 경우 60퍼센트, 살인 사건은 거의 50퍼센트가량 떨어졌고, 강도와 성범죄 사건 발생률도 뚝 떨어졌다는 것이다.

안 믿어지는가? 이런 예는 기독교 2천 년의 역사에서 비일비재하다. 기도에, 특별히 공동체가 함께 마음을 모아 드리는 기도에는 힘과 능력이 있다. 이런 역사가 믿어지지 않는다는 것은 그만큼 우리 안에서 기도의 능력이 적어졌다는 반증이요, 또 그만큼 우리가 영적으로 죽어 있다는 뜻이다.

우리 안에, 우리 가정 안에, 우리 교회 안에 기도가 흘러야 한다. 중보기도가 흘러야 한다. 우리의 경직된 생각이 깨어질 때, 신축성 있는 태도로 나아갈 때 함께 기도하는 은혜를 누릴 수 있다.

더 넓은 시야, 더 높은 생각

세 번째, 우리가 생각의 경직을 풀고 신축성 있는 태도를 가질 때 '시야가 확장되는 은혜'를 누릴 수 있다.

이는 하늘이 땅보다 높음같이 내 길은 너희의 길보다 높으며 내 생각은 너희의 생각보다 높음이니라 사 55:9

신앙생활은 하나님의 높으신 생각과 우리 인간의 너무나 좁고 낮은 생각의 간극을 점차로 좁혀가는 것이다. 서기관과 바리새인들은 바로 이 부분에서 어긋났다. 그들은 종교적인 열심은 컸으나 생각이 자라지 못했다. 우리도 마찬가지이다. 생각이 넓어지지 못하고 자라지 못하면 오늘날의 서기관과 바리새인이 되어버리고 만다. 우리가 예수님에게서 배워야 하는 것도 결국 생각의 확장이다. 마태복음 6장에서 예수님은 이렇게 말씀하셨다.

> 너희 중에 누가 염려함으로 그 키를 한 자라도 더할 수 있겠느냐 또 너희가 어찌 의복을 위하여 염려하느냐 들의 백합화가 어떻게 자라는가 생각하여 보라 수고도 아니하고 길쌈도 아니하느니라 마 6:27,28

이것이 우리가 가져야 할 시야이다. 그저 눈앞에 있는 것에만 급급하여 낮은 데 생각이 머물러 있는 것이 우리의 한계이다. 그런 우리를 향해 주님은 그렇게 땅의 것에만 집착하고 그것을 추구하면 그 자리에는 반드시 염려가 들어온다고 말씀하고 계신다. 그러면서 이렇게 권면하신다.

> 그런즉 너희는 먼저 그의 나라와 그의 의를 구하라 그리하면 이 모든 것을 너희에게 더하시리라 마 6:33

생각의 지경을 더 높이, 더 멀리 두라는 것이다. 주님이 지신 십자가의 의미도 마찬가지이다. 나에게 있어서 십자가는 생각의 지경을 넓혀주는 도구이다. 십자가가 없었다면 좁은 생각으로 그저 평생을 이웃 교회와 경쟁하며 살 수밖에 없었을 것이다. 주님은 이런 좁은 생각을 가진 나를 십자가와 복음을 통해 변화시켜주셨다.

이웃에 있는 교회는 경쟁의 대상이 아니다. 함께 섬기고 함께 부흥해가야 할 또 다른 동역자들이다. 이 사실을 놓치면 안 된다.

편협하고 좁은 생각이 열심과 결합하면 누구도 말릴 수 없는 무서운 흉기가 된다. 바리새인들과 서기관들에게 있었던 비극이 그랬고, 오늘날 한국 교회에 일어나고 있는 비극이 바로 그렇다. 그렇기 때문에 교회를 이끄는 당회와 장로님들이 날마다 부르짖어 기도해야 한다. 좁은 생각의 틀을 확장시켜주시길, 자신의 좁은 고정관념의 틀을 버리고 날마다 새롭게 해주시는 하나님의 스케일을 담을 수 있는 큰 틀을 달라고 구해야 한다.

우리는 나만 생각하고 나만 바라보는 좁은 시야에서 벗어나 넓게, 또 높이 바라보아야 한다. 에스더가 왕궁에 갇혀 지내는 자신에게만 머물던 시선을 들어 자기 민족의 아픔으로 시선을 확장해갔던 것처럼 우리 믿음의 시선이 확장되는 은혜가 있기를 바란다.

두 마리 토끼를 잡아라

네 번째, 우리가 생각의 경직을 풀고 신축성을 가지고 나아갈 때

'기도와 행동의 조화'라는 성숙을 얻게 된다.

에스더는 모르드개와 이스라엘 백성들에게 중보기도를 부탁하고 또 자신 역시도 기도하기로 결심하고는 가만히 있지 않았다. 3일을 금식했다고 힘들어하면서 누워 있지 않았다. 그녀는 기도했고, 기도로 담력을 얻은 후에는 행동했다.

오늘날 우리에게 이것이 너무나 부족하다. 기도는 열심히 하는데 정작 우리가 해야 할 일은 하지 않는다. 이것은 한쪽으로 치우쳐 있는 것이다.

애굽 군대가 출애굽한 이스라엘 백성을 죽이겠다고 달려오고 있고 앞에는 홍해가 가로막고 있을 때, 그 절박한 상황에서 모세와 이스라엘 백성들은 눈물로 하나님께 부르짖었다. 그러자 하나님이 이렇게 말씀하셨다.

여호와께서 모세에게 이르시되 너는 어찌하여 내게 부르짖느냐 이스라엘 자손에게 명령하여 앞으로 나아가게 하고 출 14:15

"기도했으면 움직여라!"

하나님은 이렇게 말씀하고 계신 것이다. 기도했으면 발을 떼고 할 수 있는 일을 하라는 것이다. 우리가 기도를 안 하는 것도 문제이지만, 기도만 하는 것도 큰 문제이다. 많은 사람들이 모든 것을 하나님께 떠맡기는 것을 기도라고 생각한다.

"하나님, 저는 못하오니 이것도 해주시옵소서. 저것도 해주시옵소서!"

그러나 기도는 내가 움직일 수 있는 힘을 얻는 것이다. 왕에게 나아가야 한다. 에스더가 3일 동안 금식하며 기도했지만, 상황은 아무것도 달라지지 않았다. 아하수에로 왕이 마음에 변덕을 일으켜 갑자기 에스더를 부르는 일은 일어나지 않았다. 이제 에스더가 기도함으로 마음에 힘을 얻었다면, "죽으면 죽으리이다" 결단하고 왕에게 나아가야 하는 것이다.

나는 하나님께서 특별새벽부흥회(특새)를 분당우리교회에 주신 것에 감사를 드린다. 이것이 우리 교회에 주신 특별한 선물이라고 생각한다. 하나님은 매번 특새를 할 때마다 큰 은혜를 부어주셨다. 그래서 나에게는 특새에 대한 자신감이 있다. 그동안 여러 번의 특새를 통해 받은 은혜에 대한 경험이 있기 때문이다.

그러나 그렇게 믿고 확신한다고 해서, 내가 특새를 앞두고 설교 준비도 안 하고 마음 편히 쉬면서 놀러 다녔겠는가? 아니다. 조금 과장해서 말한다면, 죽기 살기로 설교 준비를 했다.

하나님께서 전적으로 인도하실 거라고 믿는다면서, 아무 걱정 안 한다고 하면서 왜 그렇게까지 준비해야 하는가? 모순 아닌가? 아니다. 그래야만 하는 것이다. 우리가 하나님의 은혜를 확신하면 할수록 더욱 그 은혜를 받을 준비를 해야 한다. 이 원리가 에스더서에서도 발견된다. 하나님께 기도하고 응답을 받았으면, 이제 우리의 발을 움직여야 한다. "죽으면 죽으리이다"라고 선포하면서 왕을 만나기 위해 발걸음을 떼야 한다.

우리 안에 기도가 흘러야 한다. 그리고 기도했으면 자기가 해야할 일에 게으르지 말고 행동해야 한다. 남 핑계 대지 말고 움직여 행동하라. 이것이 에스더가 신축성 있는 태도로 생각의 지경을 넓힌후에 누린 축복이다.

어떤 태도를 취할 것인가?

에스더는 민족이 위기에 처했으니 왕에게 나아가 탄원해달라는 모르드개의 말을 듣고, 처음에는 "안 된다, 못 한다"라고 반응했다. 그러나 모르드개의 책망 앞에 신축성 있는 태도로 생각의 지경을 넓히자 반응이 완전히 달라졌다. "안 되기는 왜 안 돼? 하나님이 은혜 주시면 되지. 죽으면 죽으리라 결단하며 나아가오니 은혜를 주시옵소서!" 하며 기도의 자리로 나아갔다.

우리는 어떤 반응을 선택할 것인가? 에스더의 첫 번째 반응처럼 반응해서는 안 된다. 인간적으로 생각하면 상황이 어려우니 '안 된다, 못 한다'고 반응하는 것이 당연한 것처럼 보이지만, 우리에게는 이런 상황을 뛰어넘게 하시는 주님이 계시다.

주님을 의지하고 그분의 십자가를 붙들어 우리의 시야를 넓게 하고 높게 할 때, 신축성 있는 태도로 믿음을 받아들일 때 우리의 태도가 달라진다. 그럴 때 우리가 함께의 축복을 누릴 수 있다. 함께 기도하는 능력을 맛볼 수 있다. 더 높은 것을 바라볼 수 있게 된다. 그리고 기도와 행동이 조화를 이루는 성숙한 신앙으로 나아갈 수 있게 된다. 이 은혜를 모두가 다 누리게 되기를 바란다. 그리하여 담대히 발걸음을 떼는 믿음의 삶을 살게 되기를 축복한다.

에스더서 4장 15,16절
에스더가 모르드개에게 회답하여 이르되 당신은 가서 수산에 있는 유다인을 다 모으고 나를 위하여
금식하되 밤낮 삼 일을 먹지도 말고 마시지도 마소서 나도 나의 시녀와 더불어 이렇게 금식한 후에
규례를 어기고 왕에게 나아가리니 죽으면 죽으리이다 하니라

chapter

08

죽을힘으로
도전할 때 산다

나는 계속 성장한다

뉴질랜드 출신의 에드먼드 힐러리(Edmund Hillary, 1919~2008)
라는 산악인이 있다. 그는 세계 최초로 에베레스트 산 등정에 성공
했으며, 20세기의 가장 위대한 탐험가 중 한 명으로 꼽힌다. 그런데
내가 이 사람에게 주목하게 된 이유는 다른 데 있다.

청년 시절, 그가 에베레스트 산에 도전했다가 실패한 경험이 있다
고 한다. 보통 사람들은 도전에 실패하면 낙심하고 좌절하며 산에
서 내려올 텐데, 그는 산을 향해 유명한 말 한 마디를 남겼다.

"에베레스트 산이여, 너는 자라지 못한다. 그러나 나는 자랄 것
이다."

정말 멋진 말이다. 그는 좌절하지 않고 준비를 거듭하여 다시 도

전한 끝에 그로부터 10여 년 뒤인 1953년 5월 29일, 드디어 세계 최초로 에베레스트 등정에 성공한다. 실패에도 포기하지 않고 다시 도전한 끝에 마침내 그 목표를 이루어내는 그의 모습에 큰 도전을 받았다.

그런가 하면, 최근에 어린이 위인전 《에디슨》을 보게 되었는데, 그 책에서 이런 글귀를 보았다.

> 에디슨은 1,600가지가 넘는 필라멘트 재료들을 실험했어.
> 하지만 그 어떤 것도 오랫동안 불을 밝혀주지 못했지.
> 그러던 어느 날, 대나무를 태운 필라멘트로 전구를 만들었어.
> 그 전구는 오랜 시간 빛을 낼 수 있었지.
> 사람들은 에디슨에게 물었어.
> "전구를 만들기까지 9,999번을 실패했다면서요?"
> "나는 정확하게 말해서 단 한 번도 실패한 일이 없어요.
> 단지 안 되는 방법을 9,999번 한 것뿐이죠.
> 실패는 성공을 위한 과정일 뿐이니까요."

이 글을 읽으며 '아, 내가 어린 시절에 이런 책을 읽으며 자랐더라면 훨씬 훌륭한 어린이가 되었을 텐데!' 하는 부질없는 생각도 들면서, 에디슨의 도전 정신에 도전을 받았다. 에디슨 역시 에드먼드 힐러리와 마찬가지로 자기가 경험한 실패 앞에 낙심하지 않고 도전하고 또 도전한 끝에 결국 그 목표를 이루어냈다. 그 도전 정신의 열매가 우리가 지금 혜택을 톡톡히 누리고 있는 백열전구이다.

에드먼드 힐러리와 에디슨 사이에는 공통점이 또 하나 있다. 둘 다 무모한 도전으로 끝내지 않았다는 것이다. 에드먼드 힐러리는 젊은 시절 에베레스트 산의 등정에 실패한 후, 열심히 체력을 높이고 더 좋은 장비를 구비하며 철저히 준비했다.

에디슨 역시 마찬가지이다. 어느 글에 보니 에디슨이 전구에 사용할 필라멘트 재료를 찾기 위해 금속 6천여 종과 동물의 털 2천여 종, 식물섬유 2천여 종을 가지고 수없이 실험을 감행했다고 한다. 그런 끊임없는 노력과 치열한 실험의 결과로 성공의 열매를 누리게 된 것이다.

우리에게 이런 도전 정신이 회복되기를 바란다. 특히 너무나 어렵고 힘든, 그래서 낙심하기 쉬운 오늘의 세상을 살아가는 청년들이 십자가의 능력으로 어떤 실패에도 좌절하지 않고 "산이여, 너는 자라지 않지만 나는 자랄 것이다"라고 선포할 수 있는 그런 담력이 넘치기를 기도한다. 또한 그러한 도전이 생각에만 그치는 것이 아니라 치열한 삶으로 구현되기를 바란다.

이 산지를 내게 주소서!

그러고 보면 성경은 도전 정신으로 가득 찬 책이다. 그중 하나로 지금 우리가 살피고 있는 에스더의 도전 정신을 꼽을 수 있다. 에스더는 모르드개에게 이렇게 선언했다.

> 당신은 가서 수산에 있는 유다인을 다 모으고 나를 위하여 금식하되 밤낮
> 삼 일을 먹지도 말고 마시지도 마소서 나도 나의 시녀와 더불어 이렇게 금
> 식한 후에 규례를 어기고 왕에게 나아가리니 죽으면 죽으리이다 하니라
> 에 4:16

이보다 더한 도전이 어디 있겠는가? 이것이 믿는 사람의 본이다.
여기서 에스더가 견지하고 있는 두 가지 균형은 하나님을 절대적
으로 의지하면서도 또 한편으로는 그 믿음을 이론이나 생각으로만
가지고 있지 않았다는 것이다. "죽으면 죽으리이다"라는 결심을 자
기 앞을 가로막고 있는 장애물들을 향해 선포하며 달려가는 에너지
로 사용했다.
갈렙은 85세의 고령에도 불구하고 험하다고 정평이 난 헤브론 땅
을 구했다.

> 그날에 여호와께서 말씀하신 이 산지를 지금 내게 주소서 당신도 그날에 들
> 으셨거니와 그곳에는 아낙 사람이 있고 그 성읍들은 크고 견고할지라도 여
> 호와께서 나와 함께하시면 내가 여호와께서 말씀하신 대로 그들을 쫓아내
> 리이다 하니 수 14:12

아낙 사람들은 키가 2미터가 넘는 거인들이었다. 골리앗도 아낙 자손으로 알려져 있다. 그런 무서운 적들이 포진해 있는 곳을 정복하겠다고 자신에게 달라는 것이다.

"이 산지를 내게 주십시오. 내가 도전하겠습니다!"

갈렙의 이 고백도 에스더와 마찬가지로 두 가지 균형을 견지하고 있다. 그 성읍들이 아무리 크고 견고할지라도 여호와께서 함께하시면 능히 취할 수 있으리라는 하나님에 대한 절대적인 신뢰, 그리고 입술로만 떠드는 믿음의 고백이 아니라 실제로 그들을 쫓아내겠다는 행동이 그것이다.

키가 2미터가 넘는 아낙 자손들은 이미 노인이 된 갈렙이 싸울 수 있는 상대가 아니었다. 그러나 하나님을 신뢰하는 자에게 주시는 놀라운 에너지가 있었기에 갈렙에게 이토록 담대한 도전 정신이 일어날 수 있었던 것이다.

타당한 두려움

그러나 이미 몇 차례 살펴본 것처럼 에스더가 처음부터 "죽으면 죽으리이다"라며 결연히 도전했던 것이 아니다. 그녀도 우리와 똑같이 나약한 심성을 지녔다. 절체절명의 위기를 만난 이스라엘 백성을 위해 왕 앞에 나아가 탄원하라는 모르드개의 부탁에 처음에는 "나는 못해요, 여건이 안 돼요" 하면서 일언지하에 거절했다. 이런 나약한 대답을 하는 에스더를 향해 모르드개는 무섭게 꾸짖었고,

그 지적에 에스더가 생각을 고쳐먹고 담대히 결단하게 된 것이다.

사실, 에스더가 왕 앞에 나아가기를 주저했던 것은 충분히 이해할 수 있는 부분이다. 우리도 그런 상황이었더라면 그렇게 두려워했을 것이다. 에스더가 거절할 수밖에 없었던 이유를 보자.

> 왕의 신하들과 왕의 각 지방 백성이 다 알거니와 남녀를 막론하고 부름을 받지 아니하고 안뜰에 들어가서 왕에게 나가면 오직 죽이는 법이요 왕이 그 자에게 금 규를 내밀어야 살 것이라 이제 내가 부름을 입어 왕에게 나가지 못한 지가 이미 삼십 일이라 하라 하니라 에 4:11

인간적으로 보면 다 맞는 말이다. 에스더는 아하수에로 왕이 얼마나 중심 없이 감정에 따라 마구 권력을 휘둘러대는 사람인지 누구보다 잘 알고 있는 터였다. 그리고 그 성격 때문에 와스디 왕후가 어떤 비극을 겪었는지 누구보다 잘 알고 있었다. 게다가 에스더가 처한 현실은 어땠는가? 왕의 관심이 끊어진 지가 벌써 30일이었다. 이런 상황에서 함부로 왕 앞에 나갔다가는 변덕스런 왕에게 어떤 봉변을 당할지 모를 일이었다.

이런 상황이니 에스더가 가진 두려움은 이해할 수 있는, 당연한 감정이었다. 그런데 에스더의 그 당연한 두려움이 어떻게 변했는가? 모르드개의 지적을 탄력성 있는 믿음으로 받아들이고 나니, 그 두려움이 담대함으로 바뀌었고 또 그것이 도전 정신으로 바뀌었다.

우리 안에 두려움이 있는 것은 지극히 정상이다. 누구라고 두려움이 없겠는가? 하지만 온종일 두려움이란 감정밖에 나타나지 않고 있다면, 그것은 믿음이 잠자고 있는 상태란 증거이다. 믿음이 우리 안에서 작동되면 두려움 가운데서도 이해할 수 없는 도전 정신이 살아난다. 그 도전 정신이 우리를 이끌어간다. 이것을 경험하는 것이 믿음이다.

정말 개척할 수 있겠니?

나도 분당우리교회를 개척하기 전까지는 교회를 개척할 생각을 꿈에서도 가져보지 않았다. 성인 목회를 경험해보지 못한 나로서는 더욱 그랬다. 그런데 당황스럽게도, 어느 날 갑자기 옥한흠 목사님이 부르서서 "개척을 하라"라고 말씀하셨다. 존경하는 스승님의 말씀이니 "네, 알겠습니다" 하고 대답했지만 당황스러웠다. 더듬거리며 "그런데 어디에 개척하면 좋을까요?"라고 물었다. 그러자 목사님이 "글쎄, 분당 같은 곳이 좋지 않겠나?" 하시는 것이다. 그 한 말씀 앞에 나는 더 이상 다른 생각을 하지 않았고, 그 길로 개척할 장소로 분당을 뒤지기 시작했다.

그때가 초겨울이었는데, 분당을 아무리 뒤져도 교회를 할 만한 자리가 나오지 않았다. 그런데 그때, 전화 한 통이 왔다. 서울의 모교회에서 청빙 요청이 들어온 것이다. 내게 전화를 주신 분이 확신에 찬 목소리로 설명했다.

"지금 출석하고 있는 성도가 한 3천 명쯤 됩니다. 그런데 이 지역이 지금 막 개발되기 시작한 곳이어서 인근에 아파트 단지가 늘어나고 있어요. 좋은 목사님이 오셔서 목회만 잘 하시면 무한대로 뻗어나갈 수 있는 교회입니다."

정말 헛갈리는 일이 아닌가? 분당에서 개척할 장소를 아무리 뒤지고 돌아다녀도 마땅한 장소가 보이질 않는데, 때마침 청빙 요청이 들어오다니 말이다. 내 마음이 흔들리고, 이것이 하나님의 뜻이라고 받아들일 수도 있는 상황이었다.

그런데 그날 밤 집에 돌아가서 그 상황을 아내에게 전하며 의견을 물었더니, 아내가 딱 한 마디로 정리해주었다.

"뭐, 생각할 것도 없네요. 당신이 진짜 개척할 의지가 있는지 없는지 하나님이 테스트하고 계시네요."

아내의 그 한 마디가 내게 에스더의 도전 정신을 일깨워준 모르드개의 말과 같은 역할을 했다. 정신이 번쩍 들었다. 다 차려놓은 밥상에 숟가락만 들고 가려는 내 본능에 찬물을 확 끼얹은 것 같았다.

물론 청빙을 받아 가시는 목사님들이 다 그렇다는 것이 아니다. 하지만 당시 그 상황에서 나는 그랬다. 개척하려니 막막하고 장소도 없었다. 그런 상황에서 하나님이 테스트하신 것이다.

두려움의 담을 뛰어넘어 도전하라

'편한 길, 쉬운 길로 가지 말고 도전하는 길로 가거라!'

그날, 이 하나님의 메시지를 받고 난 후로는 마음이 흔들린 적이 없었다. 한눈을 판 적이 없었다. 그렇게 마음을 정하고 분당에 들어와 많은 우여곡절을 겪었다. 장소를 못 찾아 몇 날을 헤매다 딱 한 군데 적당한 곳을 겨우 발견해 계약했다. 그런데 인근 교회에서 반대하는 바람에 눈물을 머금고 그곳을 포기해야 했다.

그렇게 정자동 4층 상가 자리를 포기하고 다른 장소를 물색하는데, 이미 웬만한 곳은 다 뒤졌기 때문에 다른 장소가 없을 거란 생각이 들었다. 그래도 '계속 찾아다녀야지, 어쩌나' 하는 마음에 열심히 돌아다녔다.

그러던 어느 날, 부동산에 들어갔더니 좋은 자리가 딱 하나 나왔다는 것이다. 너무 기뻐서 설명을 듣는데, 눈물로 포기한 정자동 상가 자리였다. 문턱도 못 밟아보고 관리비까지 내고 있던 그 자리를 다시 소개받았을 때, 얼마나 좌절이 되었는지 모른다.

그런 우여곡절의 과정을 거쳐 지금의 분당우리교회를 개척할 수 있었다. 나는 자신 있게 말할 수 있다. 분당우리교회가 물론 하나님의 은혜로 여기까지 올 수 있었지만, 절대 거저 생긴 것이 아니었다. 소심한 나의 성격을 깨뜨리고 도전한 도전 정신이 그 시작에 있었다.

하나님은 우리가 쉬운 길, 편한 길로 가기를 바라지 않으신다. 물론 때로는 그것이 하나님의 축복일 수도 있지만, 우리를 나약하게 만들 수도 있다. 마음 가운데 어떤 두려움이 있는가? 하나님은 우리가 그 두려움의 담을 뛰어넘어 도전 정신을 회복하기 원하신다.

도전하지 않으면 망한다

영화 〈명량〉을 통해서 많이 알려진 이순신 장군의 말이 있다.

"신에게는 아직 열두 척의 배가 남아 있습니다."

도전 정신으로 가득한 말이다. 아직 끝이 아니란 것이다. 현대그룹의 창업주인 고(故) 정주영 회장은 이 말을 자주 했다고 한다.

"불가능하다고? 해보기는 했어?"

2002년 월드컵에서 한국 축구를 4강 신화에 올려놓은 히딩크 감독이 16강 진출을 확정 짓고 남겼다는 "I'm still hungry"(나는 아직도 배고프다)라는 말이나 스티브 잡스가 미국 스탠포드대학교 졸업식 축사로 전했다는 "Stay hungry. Stay foolish"(늘 갈구하라. 늘 우직하라)라는 말 역시 도전 정신을 말한다.

독일의 철학자인 슈펭글러(Oswald Spengler, 1880~1936)는 그의 책 《서구의 몰락》에서 이렇게 말했다.

"젊은이들의 적극적이고 진취적인 도전 정신이 없는 국가는 몰락한다."

이것을 교회에 적용하면 이렇게 말할 수 있다.

"젊은 크리스천들의 적극적이고 진취적인 도전 정신이 없는 교회는 수치의 자리에 빠진다."

기성세대인 어른들도 물론이지만 특히 젊은 청년들이 도전 정신을 회복하기를 바란다. 나는 청년들을 향해 늘 죄인의 심정이다. 늘 미안하고 부끄럽다. 한국 교회를 이 지경으로 만든 기성세대의 한 사람으로서 너무나 미안하다. 그러나 지금 청년들이 다음 세대에게 지금의 기성세대처럼 부끄러운 세대가 되지 않기 위해서는 준비해야 한다. 도전해야 한다. 지금 청년들은 너무 웅크리고 있다. 나는 그것이 너무 안타깝다.

미국의 위대한 교육가인 존 듀이(John Dewey)가 90세 생일을 맞았을 때, 누군가 이렇게 물었다고 한다.

"선생님은 그동안 많은 일을 하셨는데, 이제 무엇을 하실 생각입니까?"

그러자 90세가 된 그가 이렇게 말했다.

"산맥은 깊습니다. 산 하나를 넘으면 또 다른 산이 있지요. 나는 여전히 새로운 산을 향해 올라갈 것입니다."

도전을 멈추면 변질된다. 이제 두려움의 벽을 깨고 일어나 도전해야 한다. '도전'이라고 해서 모두가 에스더처럼 목숨을 걸고 "죽으면 죽으리이다" 하면서 뭔가 비장한 각오를 해야 하는 것이 아니다. 내 안의 작은 두려움들의 벽을 깨는 삶의 작은 도전들이 모여서 내 인생에 커다란 도전이 되는 것이다.

도전이 우리를 살리는 원동력이 된다. 도전하는 인생은 타락하지 않는다. 도전하는 교회는 변질되지 않는다. 믿음은 도전하는 것이다!

하나님을 의지하는 것으로 승부하라

그런가 하면, 담대한 도전과 관련하여 우리가 반드시 기억해야 할 것이 있다. 철저히 하나님을 의존해야 한다는 것이다. "죽으면 죽으리이다"라며 비장한 각오를 하게 했던 에스더의 도전 정신의 물꼬가 어디로 이어졌는가?

> 당신은 가서 수산에 있는 유다인을 다 모으고 나를 위하여 금식하되
>
> 에 4:16

금식하며 중보해줄 것을 부탁하는 것으로 흐른다. 하나님을 의지하는 것으로 흐르는 것이다. 이것을 반드시 명심해야 한다. 우리가 도전 정신을 갖되, 우리가 가진 무언가로 도전하려고 안달복달하는 것이 아니라 에스더처럼 하나님을 의지하는 쪽으로 나아가야 한다는 것이다.

왜 우리의 그 많은 도전들이 실패하는가? 하나님을 의지하는 데가 아니라 사람을 의지하고 자기 자신을 의지하는 데로 나아가기 때문이다.

아하수에로 왕은 여자의 미모를 밝히는 남자이다. 요즘 말로 "예

쁘면 다 용서된다"는 저급한 생각을 가진 사람이었다. 와스디 왕후의 사건이나 에스더를 새로운 왕후로 간택하는 과정을 통해서도 충분히 알 수 있는 사실이다.

그렇다면 상식적으로 생각할 때, 에스더가 부르지도 않은 왕 앞에 나아가겠다고 결심한 마당에 가장 먼저 해야 할 일은 무엇이었을까? 곱게 화장하고, 향수를 뿌리고, 세상 말로 섹시하게 꾸미고 나아가서 외모에 약한 왕을 확 흘려야 하지 않겠는가?

그런데 에스더는 금식을 결정한다. 금식하면 우선 입에서 냄새가 난다. 피부가 푸석푸석해지고 화장도 잘 안 받는다. 어떻게 해서든 왕의 호의를 얻어내야 하는 에스더 입장에서는 절대로 금식하면 안 된다. 얼굴에서 윤이 나도록 좋은 것을 먹고, 잠도 충분히 자면서 피부 관리부터 들어가야 하는데, 금식이라니!

하지만 에스더는 도전을 앞두고 자신의 아름다운 용모나 자기가 가진 그 무엇으로 승부하지 않았다. 전적으로 하나님을 의지하는 방식을 취했다. 이것이 바로 우리가 에스더에게서 배워야 하는 놀라운 정신이다.

하나님을 의지할 때 두렵지 않다

시편 56편에서 다윗은 이렇게 고백한다.

내가 하나님을 신뢰하고 주의 말씀을 찬양합니다. 내가 하나님을 신뢰하므로 두려워하지 않겠습니다. 사람에 불과한 자가 나를 어떻게 하겠습니까?

시 56:4, 현대인의성경

정말 놀랍도록 담대한 고백이다. 그런데 성경은 이 시의 배경을 이렇게 설명한다.

"다윗이 가드에서 블레셋인에게 잡힌 때에."

사람을 두려워하지 않겠다는 이 고백은 놀랍게도 인간적으로 볼 때 사람을 가장 두려워해야 하는 상황에서 나왔다. 대적에게 붙잡힌 상황이다. 그런데도 다윗은 사람에 불과한 자가 자신을 어떻게 하겠느냐며 두려워하지 않는다고 고백한다. 하나님을 신뢰하는 자가 누리는 축복이 이것이다.

두려움이란 자기를 의지할 때 생기는 감정이다. 나도 이것을 피부로 느낀다. 내 안에서 믿음이 작동되면 내가 지고 있는 짐이 하나도 무겁지 않다. 내가 처한 상황이 전혀 두렵지 않다. 어떤 독한 말로 내게 해코지를 하려 해도 전혀 상처가 되지 않는다.

그런데 순간적으로 인간적인 나약함이 찾아오면 숨조차 쉴 수가 없다. 내 어깨에 지워진 짐이 너무 무겁게 느껴지고, 내가 처한 상황이 너무 두렵다. 하나님을 의지하고 신뢰할 때에는 전혀 없던 두려움이 나약한 나 자신의 모습이 부각될 때면 어김없이 찾아온다. 그렇기 때문에 나는 늘 시편 56편의 다윗의 선포를 나의 선포로 고백하려고 애쓴다.

"내가 하나님을 신뢰하므로 두려워하지 않겠습니다. 사람에 불과한 자가 나를 어떻게 하겠습니까?"

하나님을 의지하는 자에게 이 축복이 임한다.

지금 무엇 때문에 두려워하고 있는가? 두려움이란 내가 나 자신을 의지하기 때문에 찾아오는 것이다. 이 사실을 기억하고 다윗의 선포를 당신의 선포로 고백하라. 이 담대한 선포가 우리 모두의 입술에서 동일하게 고백되기를 바란다. 그래서 편한 길, 쉬운 길이 아닌 하나님이 인도하시는 도전의 길로 담대하게 나아가게 되기를 간절히 바란다.

인생이란 그저 땀 뻘뻘 흘리며 수고한다고 열매가 생기는 것이 아니다. 하나님의 일하심을 이해하고 그분과 같

이 나아갈 때 우연을 통해 찾아오시는 하나님의 손길을 누리게 되는 것이다. 우리의 모든 삶 속에 결정적인 순간

마다, 위기의 때마다 작동되는 하나님의 우연의 섭리가 넘치기를 바란다.

승리의 기쁨,
하나님의
일하심을
보   라

에스더서 5장 1-8절

제삼일에 에스더가 왕후의 예복을 입고 왕궁 안 뜰 곧 어전 맞은편에 서니 왕이 어전에서 전 문을 대하여 왕좌에 앉았다가 왕후 에스더가 뜰에 선 것을 본즉 매우 사랑스러우므로 손에 잡았던 금 규를 그에게 내미니 에스더가 가까이 가서 금 규 끝을 만진지라 왕이 이르되 왕후 에스더여 그대의 소원이 무엇이며 요구가 무엇이냐 나라의 절반이라도 그대에게 주겠노라 하니 에스더가 이르되 오늘 내가 왕을 위하여 잔치를 베풀었사오니 왕이 좋게 여기시거든 하만과 함께 오소서 하니 왕이 이르되 에스더가 말한 대로 하도록 하만을 급히 부르라 하고 이에 왕이 하만과 함께 에스더가 베푼 잔치에 가니라 잔치의 술을 마실 때에 왕이 에스더에게 이르되 그대의 소청이 무엇이뇨 곧 허락하겠노라 그대의 요구가 무엇이뇨 나라의 절반이라 할지라도 시행하겠노라 하니 에스더가 대답하여 이르되 나의 소청, 나의 요구가 이러하니이다 내가 만일 왕의 목전에서 은혜를 입었고 왕이 내 소청을 허락하시며 내 요구를 시행하시기를 좋게 여기시면 내가 왕과 하만을 위하여 베푸는 잔치에 또 오소서 내일은 왕의 말씀대로 하리이다 하니라

세상 이기는 지혜,
기도에 담겼다

제삼일에

에스더서 5장부터 왕후 에스더의 본격적인 활약이 시작된다. 그 첫 문장을 성경은 이렇게 시작한다.

제삼일에 에스더가 왕후의 예복을 입고 왕궁 안 뜰 곧 어전 맞은편에 서니

에 5:1

이 구절을 보는데 '제삼일에'라는 단어에 눈길이 갔다. 에스더의 본격적인 활약이 펼쳐지게 되는 시작 지점에 왜 '제삼일에'라는 단어를 썼을까? 이 질문에 대해 인과관계를 따져 한번 생각해보자.

먼저 '원인'이 무엇인가?

당신은 가서 수산에 있는 유다인을 다 모으고 나를 위하여 금식하되 밤낮 삼 일을 먹지도 말고 마시지도 마소서 나도 나의 시녀와 더불어 이렇게 금식한 후에 규례를 어기고 왕에게 나아가리니 죽으면 죽으리이다 하니라

에 4:16

이 말씀이 원인이다. 그리고 5장은 이에 대한 하나님의 응답, 하나님의 일하심이 결과로서 열거되는 것이다. 즉, 에스더가 왕에게 나아가기로 결단하면서 자기가 가진 그 무엇을 의지하지 않고 3일간의 금식과 기도로 하나님을 의뢰하는 태도를 취한 결과, 하나님이 에스더와 그 민족을 위해 행하시는 일들이 펼쳐지는 것이다. 이런 차원에서, 기도했음을 가리키는 '제삼일에'라는 단어를 전제로 5장을 시작하는 것이 의미가 있다.

그렇다면 에스더와 이스라엘 민족의 기도를 들으신 하나님은 어떻게 일하셨는가? 하나님의 일하심을 크게 외적인 은혜와 내적인 은혜, 두 가지로 정리해보자.

외적인 은혜

첫째로, 하나님께서는 기도하며 나아가는 에스더에게 외적인 은혜, 다시 말해 순탄한 환경을 열어주셨다.

제삼일에 에스더가 왕후의 예복을 입고 왕궁 안 뜰 곧 어전 맞은편에 서니 왕이 어전에서 전 문을 대하여 왕좌에 앉았다가 왕후 에스더가 뜰에 선 것을 본즉 매우 사랑스러우므로 손에 잡았던 금 규를 그에게 내미니 에스더가 가까이 가서 금 규 끝을 만진지라 에 5:1,2

자, 하나님의 일하심이 어떻게 펼쳐지고 있는가? 에스더는 왕이 부르지도 않았는데 왕 앞으로 불쑥 나아갔다. 왕이 금 규를 내밀어 에스더를 수용해주면 사는 것이고, 그렇지 않으면 목숨을 담보할 수 없는 상황이다. 다행스럽게도 왕이 그것을 수용해주었다.

아니, 수용하는 정도가 아니라 예상을 뛰어넘는 호의를 베풀어주었다.

왕이 이르되 왕후 에스더여 그대의 소원이 무엇이며 요구가 무엇이냐 나라의 절반이라도 그대에게 주겠노라 하니 에 5:3

아마도 예상하지 못한 왕의 과한 호의에 에스더는 맥이 탁 풀렸을 것이다. 변덕이 심한 왕의 특성을 잘 알고 있던 에스더였기에, 왕 앞으로 나아가던 발걸음이 얼마나 긴장되었겠는가? "나라의 절반이라도 그대에게 주겠노라"라는 왕의 호들갑스러운 반응에 어리둥절하기까지 했을 것이다. 이런 일이 어떻게 가능했을까?

이 질문에 답하려면 주목해야 할 표현이 있다. 2절의 "매우 사랑스라우므로"라는 표현이다. 이것이 5장의 실마리이다. 이 표현을 원어 그대로 직역하면 이렇다.

"그녀가 왕의 헨을 얻었다."

여기서 '헨'이란 단어는 '헤세드'와 같은 어원으로, 주로 하나님의 은혜를 표현할 때 사용하는 단어이다. '헨'은 에스더서 2장 17절에도 나온다.

왕이 모든 여자보다 에스더를 더 사랑하므로 그가 모든 처녀보다 왕 앞에 더 은총을 얻은지라 왕이 그의 머리에 관을 씌우고 와스디를 대신하여 왕후로 삼은 후에 에 2:17

'은총을 얻은지라'라고 말할 때의 '은총'을 원어로 보면 '헨'과 '헤세드' 두 단어로 되어 있다.

이것은 무엇을 말하는가? 에스더가 아하수에로 왕을 처음 대면하던 그때도 그랬고, 민족의 구명을 위해 목숨을 걸고 왕 앞으로 나아간 혼미한 지금의 상황도 그렇고, 하나님의 은혜를 표현할 때 사용되는 '헨'이란 단어를 사용하여 그 과정에 하나님이 개입하고 계시다는 사실을 암시하고 있는 것이다. 다시 말해 변덕스러운 왕의 마음을 움직여주신 분이 하나님이시란 것이다. 이처럼 어려운 상황과 환경에 개입하셔서 그 환경을 평탄케 하시는 분이 우리 하나님이시다.

그리고 한 가지 더, "매우 사랑스러우므로"라는 표현의 원어는 능동형 동사로 되어 있다. 상식적으로 봤을 때, 지금 상황이 에스더가 능동적으로 대처할 수 있는 상황인가? 아니다. 모든 열쇠는 왕이 쥐고 있다. 에스더는 수동적으로 끌려갈 수밖에 없는 상황이었다. 그럼에도 성경은 왜 능동형 동사를 사용하고 있을까?

그것은 육안으로 볼 때는 에스더가 수동적으로 끌려갈 수밖에 없는 상황이지만, 영적으로 보면 이미 에스더가 하나님께 기도와 금식으로 나아갔기 때문에 하나님이 그 기도를 들으시고 모든 상황을 에스더가 주도해가도록 평탄케 하셨다는 것이다. 이것을 볼 수 있는 눈이 영안이다.

우리가 언제까지 이렇게 이 세상에 끌려 다녀야 하는가? 언제까지 환경에 압도당하여 이러지도 못하고 저러지도 못하는 수동적인 삶을 살아야 하는가? 우리가 주도적으로, 능동적으로 끌고 가야 한다. 그 일에 쓰이는 것이 '기도'이다.

나는 인생을 능동적으로 끌고 가는 데 기도가 얼마나 중요한지를 지금까지 살면서 여러 번 경험했다. 또 지금도 경험하며 살아가고 있다. 옥한흠 목사님 아래에서 사역하게 된 것도 그런 경험 중하나이다.

미국에 있을 때부터 옥 목사님의 영향을 많이 받아 '나도 저런 분 밑에서 배우면 좋겠다'는 생각을 해왔다. 그런데 신대원 시절 기숙

사 벽보를 보니 교육전도사 모집 공고가 났는데, 맨 아래에 '담임목사 옥한흠'이라고 되어 있었다. 그 공고를 보고 얼마나 가슴이 뛰었는지 모른다.

그런데 한 가지 문제가 있었다. 응시자격이 신대원 1학년생으로 되어 있었는데, 나는 그때 이미 졸업반이었다. 자격이 안 되었던 것이다. 하지만 이런 생각을 했다.

'서류를 보고 탈락시키고 합격시키는 것은 심사위원들이 할 일이고, 내가 할 일은 원서를 넣는 것이다. 일단 내보자.'

그래서 열심히 원서를 썼다. 제출해야 할 서류들이 많았다. 당시에 갓 컴퓨터를 장만한 직후였기에 컴퓨터가 익숙하지 않아 독수리 타법으로 한 자 한 자 눌러가며 밤을 꼬박 새워 제출해야 할 서류들을 다 작성했다. 그렇게 열심히 원서를 작성했어도 '이 사람은 왜 지원했어? 자격도 안 되는데' 하면서 내가 작성한 서류들이 쓰레기통으로 직행할 확률이 높았다. 그래도 무조건 들이밀었다.

교육전도사 지원 원서를 우편으로 보내놓고 그때부터 기도하기 시작했다. 얼마나 간절히 매달렸는지 모른다.

"하나님, 제가 교육전도사 응시 서류를 보냈는데 자격이 안 된다고 합니다. 심사위원들의 눈을 가려주셔서 3학년이 1학년으로 보이게 해주시옵소서."

이런 말도 안 되는 떼를 써가며 하나님께 매달렸다. 그런데 정말 기적적인 일이 일어났다. 서류가 통과되었다고 면접을 보러 오라는 것이다. 그렇게 하나님의 은혜로 옥한흠 목사님 밑에서 사역할 수 있게 되었다.

당시 내 입장으로는 심사위원이 내 서류를 쓰레기통에 넣어버려도 항의 한 마디 할 수 없는 수동적인 상황이었지만, 기도라는 도구를 가지고 능동적으로 끌고 가는 것이다. 이렇게 의지를 가지고 기도를 통해 하나님 앞에 달려들고 매달릴 때 어제까지는 분명히 막혀 있던 길을 열어주시고 뚫어주시는 일이 내 인생에 얼마나 많았는지 모른다. 이런 은혜가, 이런 도전이 우리 모두에게 있기를 바란다.

'겉으로 보기에는 네가 칼자루를 쥐고 있는 것 같지만 나는 기도했다. 하나님 앞에서 영안을 열고 보면 이것이 반대 상황인 것을 알 것이다!'

이런 배짱을 가지고 살아가는 하나님의 자녀들이 다 되기를 바란다.

은혜를 입게 하옵소서

에스더가 기도할 때 그녀가 처한 절박한 상황이 평탄케 되는 은혜가 임했다. 왕이 마음을 바꾸어 환경을 평탄케 해주었던 것과 같은 축복, 이것이 우리가 구해야 할 축복이다. 자녀들을 위해서도 에스더가 경험한 환경의 평탄함을 놓고 기도해야 하다.

이것과 관련해서 우스갯소리를 하나 하려고 한다. 한번은 내가 협박 편지(?)를 받았던 적이 있다. 익명으로 미국에서 날아온 편지였다.

"당신, 미국에서 대학을 졸업도 안 해놓고 왜 대학을 졸업했다고 하느냐? 대학 졸업했다는 걸 증명해라."

이런 내용이었다. 왜 이런 주장을 하는가 살펴보니, 내가 출간한 어느 책에 보니까 저자소개가 "이찬수 목사는 미국 일리노이주립대학(U.I.C)에서 사회학을 공부하고 총신대학교 신학대학원을 졸업했다"라고 되어 있더라는 것이다. 이렇게 표현한 것을 보니 대학을 졸업하지 않고 수료한 것 같은데, 만약에 졸업했다면 그것을 증명하라는 것이다. 아니, 상식적으로 생각해도 대학을 졸업하지 않았는데 어떻게 신학대학원에 입학할 수 있겠는가?

하루하루 전쟁 치르듯 바쁘게 살아가는 입장에서 이런 것에 다 반응할 수 없어서 그냥 넘어갔다. 그랬더니 두 번째로 편지가 또 왔다. 또 그냥 넘어갔다. 세 번째는 내용이 조금 더 거칠게 왔다. 계속 이런 식으로 자기 말을 무시하면 가만히 있지 않겠다는 내용이었다. 그냥 넘어가면 계속 이런 식으로 귀찮게 할 것 같아서 졸업 증빙 서류를 떼어 보내주었다. 그랬더니 그 후로 더 이상 연락이 없었다. 오해해서 미안하다는 사과 한 마디 정도는 있어야 할 것 같은데 말이다.

일이 마무리될 즈음, 아이들과 아침식사를 하며 그 협박 편지를 보여주었다. 그러고는 웃으면서 이렇게 말했다. '아빠가 이렇게 피곤하게 살고 있다. 그러니 아빠를 불쌍히 여겨달라'고. 그랬더니 아이들이 나를 이렇게 놀렸다.

"이상하네요. 아빠는 좋은 대학도 안 나왔는데 왜 그런 걸 가지고 시비를 걸죠?"

그래서 내가 큰 소리로 말했다.

"아빠가 그 대학 졸업하느라 얼마나 죽을 고생을 했는데, 어떻게 그렇게 말할 수 있니? 너희들은 얼마나 좋은 대학 들어가는지 두고 보자."

물론 아이들과 아침 식탁에서 웃자고 한 이야기들이다. 그런데 그런 대화를 나누고 난 뒤에 가만히 생각해보니, 지난 20년 넘는 목회 길에서 내가 무슨 대학을 나왔는지를 보고 교회를 선택하는 성도님들은 아무도 없었다. 내가 가진 실력이나 인격, 겉으로 보이는 호감 가는 외모, 이런 식의 내가 가진 그 무엇 때문에 이처럼 풍성한 목회가 이루어진 것이 아니라 두려워 떨고 있던 에스더에게 주셨던 하나님의 '헨', 다시 말해 외적 은혜로서 순탄한 환경을 열어주신 전적인 하나님의 은혜였다.

청소년 사역 시절에 동역했던 주일학교 교사들이 한결같은 사랑으로 나의 허물을 감추어주었던 것도 순탄한 환경을 열어주시는 하나님의 은혜 때문이었고, 내가 만났던 수많은 청소년들이 나의 지도를 순순히 잘 따라주었던 것도 같은 이유 때문이었다고 생각한다.

우리가 기도할 때 에스더가 누렸던 이 은혜를 구해야 한다. 자녀를 위해 기도할 때 "수능 몇 점 맞게 해주시고 무슨 대학 갈 수 있게 하옵소서" 하는 것보다 더 절박하게 구해야할 기도가 이것이다.

"하나님, 우리 부모의 기도를 통해 자녀가 일평생 만남의 축복을 누리게 해주옵소서. 우리 아이들을 만나는 사람들마다 '헨'의 호의를 가지고 우리 아이들을 대할 수 있도록 은혜를 주옵소서. 그야말로 평탄케 하시는 복을 주옵소서!"

부모는 자녀들을 위해 이 기도를 드려야 한다. 바로 이것이 에스더가 받아 누렸던 외적인 은혜로서의 기도 응답이다.

내적인 은혜

두 번째로 에스더가 받아 누린 기도 응답은 내적인 은혜이다. 그것은 문제를 헤쳐 나갈 지혜이다.

하나님이 평탄케 해주시는 외적 은혜를 주서서 주변 사람들이 다 나를 좋게 봐주는 것도 정말 중요하다. 그러나 그것이 전부가 아니다. 아무리 환경이 열려도 우리 내면에 흐르는 지혜가 없다면 아무 소용없다. 지혜롭게 환경을 헤쳐 나가는 에스더의 모습을 보면 감탄이 절로 나온다.

기도와 금식으로 무장한 에스더는 어려운 상황을 맞은 중에도 흥분하지 않고 정말 침착하고 지혜롭게 잘 대처해나갔다. 이 모습이 정말 감동적이다. 앞에서 왕이 "그대의 소원이 무엇이며 요구가 무엇이냐 나라의 절반이라도 그대에게 주겠노라" 하며 놀라운 호의를 베풀었을 때, 대부분의 사람들은 아마도 긴장이 풀린 나머지 눈물을 쏟으며 다리에 힘이 풀려 주저앉아서는 통곡을 했을 것이다.

"왕이시여, 저 하만이란 사람이 우리 민족을 해하려 합니다. 복수해주십시오!"

그런데 에스더는 너무나 냉철하고 침착하게, 지혜롭게 그 상황을 대처해나간다. 에스더는 호의를 베푸는 왕을 향해 이렇게 요구했다.

> 에스더가 이르되 오늘 내가 왕을 위하여 잔치를 베풀었사오니 왕이 좋게 여기시거든 하만과 함께 오소서 하니 에 5:4

아니, 이런 긴장된 상황에서 뜬금없이 왜 잔치 이야기를 꺼내는가? 1장에서 살펴본 것처럼 아하수에로 왕은 180일 동안 잔치를 열고도 아쉬움이 남아서 다시 7일 동안 잔치를 열 정도로 잔치 광이었다. 에스더가 왕의 특징을 정확하게 파악하고 그것으로 공략한 것이다. 왕의 눈에 에스더가 얼마나 사랑스러웠겠는가? 맘이 더욱 활짝 열렸을 것이다.

이것이 기도의 힘이다. 만약에 에스더가 "죽으면 죽으리이다"라고 결단한 직후에 바로 왕 앞에 달려나갔다면 이런 침착한 지혜도 발휘할 수 없었을 것이다. 3일간 금식과 기도로 하나님을 의뢰하면서 '어떻게 하면 이 상황을 지혜롭게 풀 수 있을까' 하며 상황을 정리하고 분석하고 묵상했기에 이런 지혜가 가능했던 것이다.

지혜의 비결

에스더의 상황을 보니 "호랑이에게 물려가도 정신만 차리면 산다"는 우리나라 속담이 떠올랐다. 에스더가 딱 그 상황이다. 에스더가 상대해야 하는 하만은 최고 권력자에다가 교활하기 짝이 없는 능수능란한 정치꾼이다. 그런데 정치 경험이라곤 없는 에스더가 어떻게 그렇게 침착하고 지혜롭게 잘 대처할 수 있었는가? 그 비결은 야고보서 1장 5절에 나와 있다.

> 너희 중에 누구든지 지혜가 부족하거든 모든 사람에게 후히 주시고 꾸짖지 아니하시는 하나님께 구하라 그리하면 주시리라 약 1:5

이것이 기도의 위력이다. 우리가 하나님 앞에 기도하고 묵상하면 하나님께서는 지혜를 주신다. 기도로 나아갔던 에스더가 누렸던 복이 이것 아닌가? 나는 이 글을 읽는 모든 분들이 기도의 중요성을 깨닫고 기도 응답의 복을 누리기를 바란다.

지혜로운 지도자로 정평이 나 있는 미국의 16대 대통령 에이브러햄 링컨이 이런 말을 했다.

"나는 어려울 때마다 무릎을 꿇고 기도한다. 나는 충분한 지혜가 없지만 기도하고 나면 특별한 지혜가 머리에 떠오르곤 한다."

자기가 어떻게 지혜로운 정치가가 될 수 있었는지를 이렇게 고백한 것이다. 나 역시 목회자로서 결함이 많은 사람이다. 우선 나는 다혈질이다. 욱 하는 성격이 있다. 그렇기 때문에 자칫 잘못하면 성도들에게 상처를 줄 위험이 있다. 그래서 나는 새벽마다 늘 이렇게 구한다.

"하나님 저는 지혜가 없습니다. 이런 제가 어떻게 이 귀한 성도님들을 제대로 섬기겠습니까? 그러니 하나님, 저에게 지혜를 주십시오! 오늘 하루의 모든 일정 가운데 실수하지 않고 성도님들을 잘 섬길 수 있도록 하나님의 지혜를 주십시오."

나처럼 부족한 사람이 지금까지 목회하는 동안 교회가 결정적인 어려움에 빠지지 않을 수 있었던 것은 내가 잘나서가 아니라 전적으로 하나님의 은혜이다. 기도하는 자에게 주시는 하나님의 '헨', 그 은혜가 나에게 임했기 때문이다.

성숙의 균형
누가복음에는 예수님의 어린 시절에 대해 이런 말씀이 있다.

아기가 자라며 강하여지고 지혜가 충만하며 하나님의 은혜가 그의 위에 있더라 눅 2:40

예수 그리스도께서 이 땅에 오셔서 성숙하시고 성장해가시는 과정을 함축적으로 묘사하는 말씀이다. 나는 이 말씀이 성숙해지기를 원하는 모든 그리스도인들이 붙잡아야 할 말씀이라고 생각한다. 이 말씀 안에는 참으로 귀한 균형이 담겨 있다. 육적인 성장인 "아기가 자라며 강하여지고"와 영적인 성장인 "지혜가 충만하여"가 담겨 있다. 또 무엇보다 이런 일이 가능하도록 "하나님의 은혜가 그의 위에" 있었다. 우리에게도 이런 균형 있는 성장을 위해 하나님의 은혜가 머무는 귀하고 복된 축복이 있기를 바란다.

그런데 지혜와 관련하여 한 가지 중요한 사실이 있다. 이 말씀에 나오는 '지혜'를 원어로 보면 '소피아'라는 헬라어인데, 이는 히브리어 '호크마'에 해당되는 단어이다. '호크마'는 세상의 문제를 해결해 나가는 차원에서의 지혜를 강조한다.

내가 새벽마다 구하는 지혜는 '호크마'이다. 철학적으로 잘 깨닫고 잘 분별하는 지혜를 구하는 것이 아니다. 이런 지혜는 목회에 별로 필요 없다. 그럼 어떤 지혜가 필요한가? 목회하는 과정에서는 이 세상에서 맞닥뜨리는 문제들을 해결하는 능력, 그런 차원에서의 지혜가 필요하다. 그것이 호크마이다.

예수님에게 호크마의 지혜가 임하자 공생애 기간 동안 끊임없이 만나는 수많은 대적들에 대해 놀라운 지혜로 대처하실 수 있었다. 우리도 이 호크마의 지혜를 선물로 누리기를 바란다.

고비마다 기도하신 예수님

그러자면 한 가지 해야 할 것이 있다. 예수님이 모든 일들을 시작하실 때마다 기도하셨던 모범을 본받아야 한다. 예수님이 보이신 기도의 모범이 무엇인가? 예수님은 고비 고비마다 기도하셨다.

그때에 예수께서 성령에게 이끌리어 마귀에게 시험을 받으러 광야로 가사 사십 일을 밤낮으로 금식하신 후에 주리신지라 마 4:1,2

'그때'가 어느 때인가? 공생애가 시작되던 시점이다. 바로 그 시점에, 주님은 행동하시기 전에 사십 일을 밤낮 금식하며 기도로 준비하셨다. 이번에는 누가복음 6장을 보자.

이 때에 예수께서 기도하시러 산으로 가사 밤이 새도록 하나님께 기도하시고 눅 6:12

여기 나오는 '이 때'가 어느 때인가 보니, 바로 다음절에 이렇게 설명한다.

밝으매 그 제자들을 부르사 그 중에서 열둘을 택하여 사도라 칭하셨으니 눅 6:13

열두 제자를 택하시기 전에 기도하신 것이다. 예수님에게 열두 제자가 얼마나 의미가 있는가? 예수님은 이 땅에 직접 뛰는 선수로 오셨다기보다 열두 제자들을 가르치는 코치로 오셨다. 십자가 사역을 제외하고, 복음 전파 사역만 보자면 예수님보다 사도 바울이 훨씬 더 큰 일을 했다. 복음을 소아시아 지역을 비롯하여 유럽 전역으로 전파했던 사도 바울에 비해 예수님은 팔레스타인 지역을 벗어나신 적이 없다.

이렇게 선수가 아니라 선수들을 발굴하는 코치로 오셨다면, 예수님에게 제자들을 뽑는 일이 얼마나 중요하고 의미 있는 일이겠는가? 그 중요한 일을 앞두고 예수님은 밤이 새도록 기도하셨다.

또 다른 곳을 보자.

돌을 옮겨놓으니 예수께서 눈을 들어 우러러보시고 이르시되 아버지여 내 말을 들으신 것을 감사하나이다 항상 내 말을 들으시는 줄을 내가 알았나이다 그러나 이 말씀 하옵는 것은 둘러선 무리를 위함이니 곧 아버지께서 나를 보내신 것을 그들로 믿게 하려 함이니이다 요 11:41,42

예수님이 매우 심각한 어조로 기도하시는데, 이 때는 무슨 일이 있었는가?

이 말씀을 하시고 큰 소리로 나사로야 나오라 부르시니 요 11:43

죽은 살리셨다. 죽은 자를 다시 살리시는 놀라운 신적 사역을 행하시기 전에 이렇게 간절히 기도하신 것이다.

마지막으로 한 곳만 더 보자.

> 그곳에 이르러 그들에게 이르시되 유혹에 빠지지 않게 기도하라 하시고 그
> 들을 떠나 돌 던질 만큼 가서 무릎을 꿇고 기도하여 이르시되 아버지여 만
> 일 아버지의 뜻이거든 이 잔을 내게서 옮기시옵소서 그러나 내 원대로 마옵
> 시고 아버지의 원대로 되기를 원하나이다 하시니 눅 22:40-42

어떤 상황인가? 십자가를 지시기 직전이다. 예수님은 십자가를 앞에 두고 땀방울이 핏방울이 되시기까지 몰두하고 전념하여 기도하셨다. 예수님의 이 기도의 모범을 우리가 배워야 한다.

지혜가 필요한 시대

오늘 우리는 에스더가 맞닥뜨렸던 교활한 최고 권력자 하만과 같은 악한 세력의 공격에 늘 노출되어 있는 시대를 살고 있다. 교회를 한번 보라. 너무나 무서운 대적의 공격 앞에 무기력하게 쓰러지고 있지 않은가? 가정은 어떤가? 오늘 우리 그리스도인들의 가정을 무너뜨리려고 상상을 초월하는 공격이 감행되고 있다는 사실을 느낄 수 있지 않은가? 우리의 자녀들이 얼마나 무서운 공격에 노출되어 있는가?

우리가 자랄 때만 해도 자녀 교육이 그리 힘들지 않았다. 사춘기라고 해봐야 부모님 손바닥 안이었다. 그러나 지금 우리 자녀들은 부모의 손이 닿지 않는 곳에서 놀고 있다. 인터넷에서 뭘 하고 있는지 부모들은 아무것도 모른다. 오늘날의 자녀 교육은 우리 영역 밖의 일이다. 그래서 우리가 더더욱 호크마의 은혜를 구해야 한다.

"하나님, 자녀 교육에 지혜가 필요합니다. 이 아이를 잘 양육할 수 있도록 호크마의 지혜를 허락하여주옵소서."

예전에 참 좋아해서 한동안 프린트해서 가지고 다니던 시가 있다. 랄프 왈도 에머슨(Emerson, Ralph Waldo)이라는 시인이 쓴 '무엇이 성공인가'라는 제목의 시이다.

자주 그리고 많이 웃는 것
현명한 이에게 존경을 받고
아이들에게서 사랑을 받는 것
정직한 비평가의 찬사를 듣고
거짓된 친구의 배반을 참아내는 것
아름다움을 식별할 줄 알며
다른 사람에게서 최선의 것을 발견하는 것
건강한 아이를 낳든
한 뙈기의 정원을 가꾸든
사회 환경을 개선하든 자기가 태어나기 전보다

세상을 조금이라도 살기 좋은 곳으로 만들어놓고 떠나는 것
자신이 한때 이곳에 살았음으로 해서
단 한 사람의 인생이라도 행복해지는 것
이것이 진정한 성공이다.

에스더의 삶을 묵상하면서 이 시가 떠올랐다. 하나님이 에스더에게 평탄케 하시는 은혜와 지혜를 허락해주셔서 그녀가 이스라엘 백성을 구했던 것처럼, 나도 이 땅에 호흡하고 사는 동안에 누군가를 구할 수 있다면, 단 한 사람이라도 행복하게 할 수 있다면 좋겠다. 이것이 모든 그리스도인들이 꾸어야 할 꿈이라고 생각한다. 우리 모두가 주님 안에서 에스더가 받았던 그 은혜를 받아 누림으로 그러한 꿈을 이룰 수 있기를 바란다.

에스더서 6장 1-3절

그 날 밤에 왕이 잠이 오지 아니하므로 명령하여 역대 일기를 가져다가 자기 앞에서 읽히더니 그 속에 기록하기를 문을 지키던 왕의 두 내시 빅다나와 데레스가 아하수에로 왕을 암살하려는 음모를 모르드개가 고발하였다 하였는지라 왕이 이르되 이 일에 대하여 무슨 존귀와 관작을 모르드개에게 베풀었느냐 하니 측근 신하들이 대답하되 아무것도 베풀지 아니하였나이다 하니라

'우연히' 속에 담긴
하나님의 일하심

하나님과의 동역

'줄탁동시'(啐啄同時)라는 한자성어가 있다. '줄'(啐)은 알 속에 있는 병아리가 부화를 시작하면서 껍질을 깨뜨리고 나오기 위해 껍질 안에서 여리디 여린 부리로 쪼아대는 것을 말하고, '탁'(啄)은 그것을 감지한 어미 닭이 밖에서 껍질을 쪼아 깨뜨리는 것을 말한다. 이두 가지가 동시에 행해진다고 해서 '줄탁동시'라고 하는데, 생명의 탄생을 위해 병아리와 어미 닭이 힘을 모아 껍질을 깨뜨리는 모습을 표현한다. 정말 아름다운 모습 아닌가?

그런데 이 땅을 살아가는 우리 크리스천들의 삶이야말로 줄탁동시가 이루어지는 모습이란 생각이 들었다. 하나님은 놀라운 은혜와 섭리로 우리를 견인하시고, 우리는 그 하나님을 믿고 의지하며 또

한 최선을 다해 껍질을 깨기 위해 노력하는 것, 바로 이것이 크리스천의 삶이다.

이런 관점으로 에스더서 6장을 보면, 하나님과 모르드개의 아름다운 줄탁동시를 느끼게 하는 훈훈한 장면들을 발견하게 된다. 줄탁동시라는 사자성어를 의식하며 본문을 보면, 크게 두 가지 그림을 볼 수 있다.

왕이 잠 못 들던 그 날 밤

첫 번째 그림은 하나님의 일하심, 즉 '탁'에 해당하는 그림이다. 에스더서 6장 1절을 보자.

> 그 날 밤에 왕이 잠이 오지 아니하므로 명령하여 역대 일기를 가져다가 자기 앞에서 읽히더니 에 6:1

'그 날 밤'이 언제인가? 에스더가 위기를 만난 민족을 위해 "죽으면 죽으리이다"라는 비장한 각오를 가지고 왕 앞에 나아가 자기 민족을 말살하려는 하만의 음모를 어떻게 왕에게 전달할 수 있을까 고심하며 애쓰던 그 날 밤이다. 그 날 밤에 왕이 잠이 안 왔다.

우리도 그럴 때가 있지 않은가? 자려고 누워 뒤척뒤척 하는데 도저히 잠이 안 오는 것이다. 그래서 왕은 궁중 일기를 가져다가 읽게 했다. 우리가 잠이 안 올 때 두꺼운 책, 이를테면 성경책을 펼치는 것과 비슷하다. 그러다 무엇을 발견했는가?

> 그 속에 기록하기를 문을 지키던 왕의 두 내시 빅다나와 데레스가 아하수에
> 로 왕을 암살하려는 음모를 모르드개가 고발하였다 하였는지라 에 6:2

궁중 일기에 모르드개가 왕을 암살하려는 음모를 적발했다는 기록이 있었다. 이것은 에스더서 2장에 나오는 사건인데, 내시 두 사람이 왕에게 원한을 품고 암살 음모를 꾸밀 때 모르드개가 적발하여 왕을 구해준 사건이다. 모르드개 덕분에 왕을 암살하려는 음모를 처리할 수 있었는데도, 큰 공을 세운 모르드개에게 아무런 보상도 없이 흐지부지 넘어가버렸다. 그런데 궁중 일기를 듣다가 그것을 발견한 것이다. 왕이 물었다.

> 이 일에 대하여 무슨 존귀와 관작을 모르드개에게 베풀었느냐 하니 측근 신
> 하들이 대답하되 아무것도 베풀지 아니하였나이다 하니라 에 6:3

아, 하나님의 일하심은 정말 절묘하고 신비롭다. 지금이 어떤 상황인가? 왕이 모르드개와 하만 사이에서, 또 하만과 에스더 사이에서 누구의 말이 옳은지 판단을 해야 하는데, 그 즈음에 우연히 잠이 안 와 듣고 있던 궁중 일기에서 모르드개가 자신의 생명을 구해주었다는 사실을 알게 된 것이다. 이 일은 그 날 밤에 우연히 일어났다.

그런데 여기에 중요한 것이 있다. 한국어 성경에는 "왕이 잠이 오지 아니하므로"라고 기록되어 있는데, 이 구절을 칠십인역 성경으로 보면 이렇게 되어 있다.

"그러나 주님께서 왕의 잠을 달아나게 하셨다."

그래서 어떤 주석가는 이 표현 속에는 '누군가 왕을 흔들어 깨웠다'는 의미가 담겨 있다고 해석하기도 한다.

과학 분야에서 널리 사용되는 용어 중에 '세렌디피티(serendipity) 효과'라는 것이 있다. '세렌디피티'는 '우연한 발견'을 뜻하는데, 가치 있는 것의 우연한 발견을 뜻하는 것이 '세렌디피티 효과'이다. 대표적인 예가 최초의 항생제인 '페니실린의 발견'이다.

우리가 이제 '백 세 시대'를 살게 되었다고 말하는데, 이렇게 될 수 있었던 첫 번째 단추가 바로 페니실린의 발견이다. 페니실린 발견 이전에는 각종 전염병에 속수무책이었다. 그러나 페니실린이 발견된 이후 여러 전염병으로부터 인류를 구해낼 수 있게 되었다.

놀라운 것은 페니실린이 한 과학자의 실수로 우연히 발견되었다는 것이다. 영국의 미생물학자인 알렉산더 플레밍(Alexander Fleming)이 미생물을 배양하는 실험을 하다가 말도 안 되는 실수를 저질렀다. 1928년 여름, 포도상구균을 기르던 접시를 배양기 밖에 둔 채 휴가를 간 것이다.

그런데 바로 그 실수 때문에 페니실린을 발견하게 되었다. 휴가에서 돌아와 보니 포도상구균을 기르던 접시 위에 푸른곰팡이가 자라 있었고, 곰팡이 주변으로 포도상구균이 깨끗하게 녹아 있는 모습을 발견한 것이다. 뉴턴이 만유인력의 법칙을 발견하게 된 데도 세렌디피티 효과가 작용했다. 사과 하나가 뚝 떨어지는 것을 보다가 우연히 발견하게 된 것이다. 다이너마이트 역시 우연히 발견되었다. 이것이 다 세렌디피티 효과이다.

그런데 이렇게 겉으로 보기에는 우연히 발견되고 전진해나가는 것 같지만, 영안을 열고 바라보았을 때 인류 역사의 발전 과정이 사실은 하나님의 섭리, 곧 하나님의 보이지 않는 손이 개입되어 있다는 것을 볼 수 있다. 이것을 볼 수 있는 것이 믿음이다.

우연 속에 담긴 하나님의 손길

우리의 삶 속에도 우연히 일어난 일들이 얼마나 많은가? 내 인생에도 우연히 일어난 일들이 정말 많다. 분당우리교회가 지금 추진하고 있는 '일만성도 파송운동'은 어떤 깊고 심오한 철학을 가지고 고안해낸 것이 아니다. 우연히 일어난 일이다.

어느 날 밤에 잠을 자다가 악몽을 꾸며 가위에 눌린 듯한 답답함에 식은땀을 흘리다 잠을 깼다. 눈을 떠보니 새벽 3시였다. 그래서 일어나 거실로 나갔는데, 그때 하나님의 마음이 강하게 임했다.

"한국 교회가 이렇게 어려운데 너희 교회로만 성도들이 몰려드는 것이 옳은 일이냐?"

이 말씀 앞에 거의 충동적으로 선언한 것이 '일만성도 파송운동'과 교육관을 되팔아 사회에 환원하겠다는 것이었다.

내가 이민생활을 끝내고 다시 한국으로 역이민을 온 것도 아주 우연히 일어난 일이다. 어느 날 가게에 나가 배달된 한국 신문을 보는데, 거기서 사진 한 장을 보게 되었다. 어떤 학부모가 교실에 난입해서 여 교사의 머리채를 잡고 있고, 아이들이 놀란 채 있는 모습이었다. 너무나 혼미한 그 사진을 보는데, 갑자기 눈물이 났다. 그러면서 이런 생각이 들었다.

'내가 지금 여기서 뭐하고 있는 거지? 난 지금 한국으로 가야 하는데…, 가서 아이들을 도와야 하는데…!'

오라고 부르는 사람도 아무도 없는데, 사진 한 장 때문에 진로를 바꾸었다. 우연히 일어난 일이었다.

분당우리교회가 지금 예배드리고 있는 송림중고등학교와 인연을 맺게 된 일에도 우연이 작용했다. 원래 입주하기로 하고 계약했던 건물에서 쫓겨나 갈 데 없이 헤매다가 우연히 이 학교를 알게 되어 이곳으로 오게 된 것이다. 어떤 깊은 철학이 있어서 학교에서 예배드리기로 한 것이 아니다. 정말 우연히 그렇게 된 것이다.

이런 지난 내 삶을 생각하다보니 너무나 가슴이 벅차올랐다. 내 인생에 홈런 친 사건이 몇 개 있는데, 그것들이 다 우연이었다. 심사숙고해서 진행한 것이 아니다.

'60세가 되고 70세가 되었을 때는 또 얼마나 놀라운 하나님의 섭

리로 우연하고도 놀라운 일들이 나와 우리 교회에 펼쳐져 있을까?'

이런 생각을 하니 가슴이 벅차 잠이 안 왔다. 신앙생활이란 세상 사람들에게는 '에이, 그건 우연이지' 하는 일들이 이상하리만치 자주 일어나는 것이다. 결정적인 순간마다 '우연'이 작용한다. 영안을 열고 보니 그 속에 아하수에로 왕을 흔들어 깨우신 하나님의 보이지 않는 손이 있더라는 것, 이것을 보는 것이 믿음이다.

하나님의 흔들어 깨우시는 섭리를 기억하면 인생이 정말 행복하다. 내가 하는 일이라고는 하나님의 '우연히'의 섭리 속에 편승하여 하나님과 함께 즐기는 것뿐인데 힘들 일이 무엇이겠는가? 지금까지의 경험으로 비추어보니, 인생이란 그저 땀 뻘뻘 흘리며 수고한다고 열매가 생기는 것이 아니다. 하나님의 일하심을 이해하고 그분과 같이 나아갈 때 '우연'을 통해 찾아오시는 하나님의 손길을 누리게 되는 것이다. 이것이 하나님의 '탁'이다. 우리의 모든 삶 속에 결정적인 순간마다, 위기의 때마다 작동되는 하나님의 '우연'의 섭리가 넘치기를 바란다.

줄탁동시의 조건

그런가 하면, 본문에서 발견되는 두 번째 그림은 '줄'에 해당하는, 하나님의 일하심이 가능하도록 한 모르드개의 성숙한 모습이다. 모르드개의 '줄'과 하나님의 '탁'이 동시에 일어나 놀라운 역사가 가능했던 것이다. 그렇다면 모르드개는 어떤 귀한 모습을 보였는가? 그는 부당한 상황 속에서도 울분과 분노의 자리로 빠지지 않았다. 그가 왕의 암살을 막는 큰 공을 세웠는데도 아무런 보상이 없었다. 이것도 상처가 될 만한 일이다. 그런데 그 후에 공교롭게도 자기 민족의 원수인 하만이 가장 높은 지위에 올라갔다.

> 그 후에 아하수에로 왕이 아각 사람 함므다다의 아들 하만의 지위를 높이 올려 함께 있는 모든 대신 위에 두니 에 3:1

얼마나 부당한 일인가? 아마도 평범한 사람 같았으면 '이건 말도 안 되는 처사!'라며 울분을 토했을 것이다. 그러나 모르드개는 그러지 않았다. 만약 모르드개가 원망하고 분노하며 하나님을 향해 울분을 터뜨렸다면 이토록 아름다운 하나님과의 줄탁동시는 없었을 것이다.

하나님의 지략이 얼마나 뛰어나신가? '모르드개의 공로'라는 놀라운 아이템을 함부로 쓰지 않고 숨겨놓으셨다가 결정적인 순간에 사용하셨다. 하나님은 늘 우리 인생을 향한 놀라운 카드를 예비하고 계신다. 우리가 이것을 이해하지 못하기 때문에 원망을 터뜨리고 불평의 자리로 가는 것이다. 그러니 우리 인생에 원망과 불평이 자리 잡지 못하도록 해야 한다. 요셉도 마찬가지다. 요셉은 어린 나이에 남의 나라로 팔려갔다. 거기서 열심히 일해 겨우 자리를 잡았는데, 웬 이상한 여자 한 명 때문에 강간미수범이 되어 감옥에 들어가는 수치를 당한다. 그런데 그 와중에 압권인 것은 감옥에 들어갔더니 왕을 대면하는 고급 관리들과 함께 지내게 된 것이다.

그들의 수종을 들던 요셉은 어느 날 그들의 꿈을 해몽해준다. 요셉의 해몽대로 왕의 술 맡은 관리는 출소하여 복직이 되었고, 요셉은 그에게 간곡히 호소한다.

"저는 아무런 죄 없이 이곳에 들어왔어요. 당신이 감옥에서 나가게 되면 제 억울한 사정을 왕께 꼭 좀 아뢰어주세요."

하지만 세상인심이라는 것이 화장실 들어갈 때와 나올 때 표정이 다르지 않은가? 꼭 그렇게 하겠다고 다짐했던 관리는 나가자마자 요셉의 간청을 까마득히 잊었다. 하루하루 맘 졸이며 기다렸을 텐데, 무려 2년 동안이나 잊고 있었다.

놀라운 것은 요셉에게 모르드개와 마찬가지로 울분이 없었다는 것이다. 성격이 좋아서 그런 것이 아니라 하나님과 교통하며 하나님의 뜻을 살피는 자들의 특징이 바로 울분이 없다는 것이다.

사소한 것에 감격을 다 쏟아버리는 어리석음

이와 반대로 하만은 어땠는가? 하만은 왕의 명령으로 세상 권력을 다 잡은 인물이다. 부와 명예를 거머쥐었다. 죽을 때까지 감격하고 감사할 조건을 갖추었지만, 아무것도 아닌 사소한 것 하나에 울분하고 분노하다가 망해버렸다.

> 하만이 모르드개가 무릎을 꿇지도 아니하고 절하지도 아니함을 보고 매우
> 노하더니 에 3:5

왕이 자신을 최고 권력의 자리에 앉혀주어 가슴이 터질 것 같은 감격을 누리고 있는 상황인데, 자기에게 절하는 수많은 사람 가운데 한 사람이 절하지 않았다고 자기가 가진 감격을 다 쏟아버렸다. 에스더서 5장 9절과 13절 말씀도 마찬가지다.

> 그날 하만이 마음이 기뻐 즐거이 나오더니 모르드개가 대궐 문에 있어 일어
> 나지도 아니하고 몸을 움직이지도 아니하는 것을 보고 매우 노하나 … 그러
> 나 유다 사람 모르드개가 대궐 문에 앉은 것을 보는 동안에는 이 모든 일이
> 만족하지 아니하도다 하니 에 5:9,13

하만은 왕후가 왕을 위해 배설한 잔치에 유일하게 초대받았다. 그 영광스러운 사실에 하만은 기뻐서 어쩔 줄을 몰랐다. 물론 자신이 어떤 이유로 그 잔치에 초대되었는지는 모른 채 말이다. 어쨌든 하만 입장에서는 자신이 왕과 왕후의 특별한 대우를 받고 있다고 생각했고, 그것이 하만에게 말로 표현할 수 없는 기쁨을 가져다주었다. 그런데 그렇게 기쁨에 겨워하던 하만이 아무것도 아닌 일, 모르드개가 인사하지 않은 것 하나 때문에 모든 기쁨과 감격을 다 쏟아내버렸다.

이것이 오늘 우리의 모습은 아닌가? 내가 우리 교회의 교역자들과 성도들을 상대할 때 몸부림치는 것이 있다. 교역자와 성도의 수가 많다보니 다양한 사람들을 만나게 된다. 이런 사람도 있고, 저런 사람도 있고, 예의를 잘 지키는 사람이 있는가 하면, 때로는 무례하게 비쳐지는 사람도 있다.

그런 다양한 모습에 자칫 잘못 반응하면 수많은 좋은 동역자들과 함께하는 기쁨은 제쳐둔 채 내 마음을 상하게 하는 한 사람 때문에 분노하는 하만의 어리석음을 저지를 위험이 내 안에 있다. 나는 이 사실을 잘 알고 있다. 그러니 어떻게 해야 하는가? 하나님의 은혜를 구해야 한다. 내 기쁨을 지키기 위해 안간힘을 쓰며 몸부림쳐야 한다. 그것이 우리가 해야 할 일이다.

우리 앞에는 두 갈래의 길이 있다. 하나는 울분과 분노의 하만의 길이고, 또 다른 하나는 하나님과 줄탁동시할 수 있는 길, 울분과 분노가 없는 모르드개의 길이다.

우리는 지금 어느 길로 가고 있는가? 울분과 분노를 쌓아만 가는 하만의 길을 가고 있는가? 아니면 그것을 뛰어넘어 하나님과 줄탁동시를 이루어가는 모르드개의 길로 가고 있는가? 우리는 울분의 자리를 떠나 모르드개의 길로 가야 한다. 그러함으로 하나님과 동역하는 기쁨이 우리 안에 넘치게 되기를 바란다.

보다 큰 것을 바라보라

그러기 위해서 우리가 어떻게 해야 하는가? 어떻게 해야 울분과 분노의 길인 하만의 길이 아닌 기쁨의 줄탁동시의 모르드개의 길로 갈 수 있는가? 첫째로, 보다 큰 것에 관심을 가져야 한다. 보다 큰 것이란 보다 본질적인 것을 말한다.

하만과 모르드개의 결정적인 차이점이 무엇인가? 모르드개는 자기 자신이 높아지는 것이 아니라 보다 더 큰 것, 자기 민족의 장래에 더 마음을 썼다. 반면 하만은 모든 초점이 자기 자신에게 있었다.

우리는 죄성을 가진 존재이기에 내버려두면 나도 모르는 사이에 하만이 되어버린다. 목사인 나도 예외가 아니다. 그래서 목회하다가 가끔씩 내 시야가 너무 작은 것에 머물러 있다는 생각이 들 때면 김수영 시인의 시를 보며 여러 가지 생각을 하곤 한다. '어느 날 고궁을 나오면서'라는 시이다. 그 시의 맨 끝에 이런 내용이 있다.

모래야 나는 얼마큼 작으냐
바람아 먼지야 풀아 나는 얼마큼 작으냐
정말 얼마큼 작으냐…

시인이 무엇 때문에 이렇게 자기의 작음을 고뇌하며 토로하는가? 시의 앞부분에 이런 내용이 나온다.

왜 나는 조그마한 일에만 분개하는가
저 왕궁 대신에 왕궁의 음탕 대신에
50원짜리 갈비가 기름 덩어리만 나왔다고 분개하고
옹졸하게 분개하고 설렁탕집 돼지 같은 주인년한테 욕을 하고
옹졸하게 욕을 하고

시인이 말하는 것이 무엇인가? 현실의 큰 부조리에는 침묵하고, 눈앞의 사소한 일에만 쉽게 분노하는 자신의 초라한 모습을 토로하는 것 아닌가? 이것이 나의 모습이고 또 우리의 모습이다. 게다가 우리는 사소한 일에 분노하면서도 그것을 '공의'란 이름으로 포장한다. 실상은 국밥에 갈비 대신 기름 덩어리만 나왔다는 것 때문에 화가 난 것이지만, 그것을 말하면 안 된다는 것을 알기에 그럴듯한 명분을 찾는다. 하지만 뿌리를 깊이 파 들어가 보면 하만과 같이 인정받고 싶다는 저급한 욕구가 채워지지 않아서 생기는 분노일 때가 얼마나 많은가?

우리는 자신을 깊이 돌아보아야 한다. 우리 마음의 평안을 빼앗는 것은 외부의 적이 아니다. 우리 내면에 깊이 자리 잡고 있는 저급한 욕구 때문이다. 가끔은 나 자신의 모습을 보면서 너무나 한심하고 부끄러운 모습에 좌절할 때가 있다. 하나님이 아무것도 아닌 나를 어지러울 정도로 높여주셨는데, 나는 아직도 사소한 일에 마음상하고 기분이 나빠지곤 한다. 그럴 때마다 이 찬양을 고백한다.

주님의 높고 위대하심을 내 영혼이 찬양하네
주님의 높고 위대하심을 내 영혼이 찬양하네

옹졸하고 좁은 마음으로 너무나 사소한 일에 분을 내는 나 자신의 모습을 볼 때마다 주님의 크심을 선포하는 것이다. 우리는 날마다 커져야 한다. 어지간한 것은 용납하고 포용하는 넓음이 우리에게 있어야 한다. 모르드개가 인사를 안 하면 '뭐, 기분 나쁜 일이 있는가보지' 하며 넘길 수 있는 아량이 우리에게 있어야 한다. 그것이 상대방을 위한 것이 아닌 나 자신의 평안을 위한 것임을 아는 영안이 열리게 되기를 바란다.

감사를 훈련하라

둘째로, 울분과 분노의 하만의 길이 아니라 하나님과 줄탁동시하는 모르드개의 길을 가기 위해서는 '자족 훈련'을 해야 한다.

출애굽한 이스라엘 백성들이 홍해를 건너 가나안까지 가는 길은 사실 얼마 안 되는 거리이다. 그런데 하나님은 왜 그 길을 40년이나 돌게 하셨을까? 모세가 임종을 앞두고 광야에서의 여정을 회고하며 그 일에 이런 의미를 부여한다.

네 하나님 여호와께서 이 사십 년 동안에 네게 광야 길을 걷게 하신 것을 기억하라 이는 너를 낮추시며 너를 시험하사 네 마음이 어떠한지 그 명령을 지키는지 않는지 알려 하심이라 너를 낮추시며 너를 주리게 하시며 또 너도 알지 못하며 제 조상들도 알지 못하던 만나를 네게 먹이신 것은 사람이 떡으로만 사는 것이 아니요 여호와의 입에서 나오는 모든 말씀으로 사는 줄을 네가 알게 하려 하심이니라 신 8:2,3

하나님께서는 오늘날에도 우리를 죄악의 영적 애굽의 압제로부터 해방시켜주시고, 초자연적 은혜와 능력으로 영적 홍해를 건너게 하신 후에는 우리가 저 천국에서 누리게 될 영원한 기쁨을 위해 이 땅에서는 천국 백성에 걸맞은 하나님의 사람으로 빚어지는 연단의 과정을 겪게 하신다.

그렇기 때문에 이 땅에서의 삶이 너무 편하고 행복하고 잘 되면 문제가 있는 것이다. 이곳은 너무 잘살면 안 되는 곳이다. 《지금 외롭다면 잘되고 있는 것이다》라는 제목의 책도 있지 않은가? 우리가 이 땅을 떠나 장차 가게 될 그 나라가 정말 잘 살아야 하는 곳이고, 이 땅은 그것을 기다리며 훈련하는 곳이다. 어떤 상황에서도 기뻐하고, 어떤 상황에서도 감사하며, 누가 조금 찌르더라도 허허 웃으며 포용할 수 있는 훈련, 감사 훈련과 자족 훈련이 이루어지는 곳이 바로 이 땅이다.

어느 글에서 마음에 참 와 닿는 구절을 보았다.

"아령 운동하듯 마음의 근육을 키워라. 행복도 훈련하면 얻을 수 있다."

맞다. 행복도 훈련하면 얻을 수 있다. 감사도 훈련으로 이루어진다. 이것이 훈련될 때 하나님과 줄탁동시할 수 있는 기쁨을 누리게 된다.

자족 훈련의 가장 좋은 도구는 감사 노트를 쓰는 것이다. 2013년에 탤런트 김혜자 씨가 서울 남부교도소에서 수형자 400여 명을 대상으로 강연을 했다. 김혜자 씨는 강연에서 "1년 반 동안 감사노트에 천 가지 감사한 일을 적었다. 다 쓰고 보니 세상 보는 눈이 달라져 있더라"고 전하면서 감사 노트를 써볼 것을 권했다. 그러면서 감사 노트 천 권을 선물했다고 한다.

그렇게 해서 서울 남부교도소의 수형자들이 감사 노트를 쓰게 되었는데, 그 후 놀라운 일들이 일어났다고 한다. 수형자 중에 잘나가던 증권회사 사장님이 있었는데, 그 분은 증권거래법 위반으로 징역 7년을 선고받고 5년째 복역 중이었다. 좌절감이 얼마나 컸는지 '모든 것이 다 사라졌다는 생각, 내 삶은 더 이상 아무 의미가 없다는 생각'에 사로잡혀 있었다. 그러던 그 분이 감사 노트를 쓰면서 마음의 변화가 일어나기 시작했다. 그 분은 감사 노트에 이렇게 적었다.

"흙냄새를 맡고 흙을 밟을 수 있어서 감사합니다."

"매일 밥과 국이 뜨거워서 감사합니다."

우리 중에 매일 뜨거운 밥과 국을 먹는다고 감사하는 사람 있는가? 아마 없을 것이다. 훈련을 안 했기 때문이다. 그런가 하면, 징역 10년을 선고받은 어느 장기수는 원망과 불평이 심해 교도관들 사이에서도 골칫덩이였다고 한다. 그에게 감사 노트를 주자 "내가 감사할 게 어디 있느냐? 지금 나 놀리는 거냐?"고 따졌다고 한다.

그러면서도 "그러지 말고 한 개만 써보라"는 동료의 말에 그 사람도 감사 노트를 받기는 했다. 처음에는 거창하고 대단한 것을 써야 한다는 생각에 몇 개 적지 못했다던 그는, 어느 날엔가 문득 생각이 나서 이렇게 적었다고 한다.

"오늘 주임이 번호가 아니라 누구누구야 하고 내 이름을 불러줘서 감사했다."

이렇게 써놓고 나서 자꾸 읽어보니 정말 감사한 일이라는 생각이 들었다고 한다. 그러자 그 다음부터 감사할 거리가 보이기 시작했는데, 어떤 날에는 20개 넘게 적은 날도 있었다고 한다.

그 분이 적은 감사거리 중에 이런 내용이 있었다.

"창문 한 귀퉁이로 달을 볼 수 있어서 감사하다."

이것을 보고 참 감동이 되었다. 우리도 감사를 훈련해야 한다. 그래서 원망과 불평의 자리가 아니라 포용과 자족의 자리로 나아가야 한다. 그럴 때 결정적인 순간에 왕을 흔들어 깨우시는 하나님의 주권을 목도하며 그분과 줄탁동시하는 기쁨을 누릴 수 있게 된다. 그 기쁨을 모두가 다 누리게 되기를 바란다.

에스더서 7장 1-10절

왕이 하만과 함께 또 왕후 에스더의 잔치에 가니라 왕이 이 둘째 날 잔치에 술을 마실 때에 다시 에스더에게 물어 이르되 왕후 에스더여 그대의 소청이 무엇이냐 곧 허락하겠노라 그대의 요구가 무엇이냐 곧 나라의 절반이라 할지라도 시행하겠노라 왕후 에스더가 대답하여 이르되 왕이여 내가 만일 왕의 목전에서 은혜를 입었으며 왕이 좋게 여기시면 내 소청대로 내 생명을 내게 주시고 내 요구대로 내 민족을 내게 주소서 나와 내 민족이 팔려서 죽임과 도륙함과 진멸함을 당하게 되었나이다 만일 우리가 노비로 팔렸더라면 내가 잠잠하였으리이다 그래도 대적이 왕의 손해를 보충하지 못하였으리이다 하니 아하수에로 왕이 왕후 에스더에게 말하여 이르되 감히 이런 일을 심중에 품은 자가 누구며 그가 어디 있느냐 하니 에스더가 이르되 대적과 원수는 이 악한 하만이니이다 하니 하만이 왕과 왕후 앞에서 두려워하거늘 왕이 노하여 일어나서 잔치 자리를 떠나 왕궁 후원으로 들어가니라 하만이 일어서서 왕후 에스더에게 생명을 구하니 이는 왕이 자기에게 벌을 내리기로 결심한 줄 앎이더라 왕이 후원으로부터 잔치 자리에 돌아오니 하만이 에스더가 앉은 걸상 위에 엎드렸거늘 왕이 이르되 저가 궁중 내 앞에서 왕후를 강간까지 하고자 하는가 하니 이 말이 왕의 입에서 나오매 무리가 하만의 얼굴을 싸더라 왕을 모신 내시 중에 하르보나가 왕에게 아뢰되 왕을 위하여 충성된 말로 고발한 모르드개를 달고자 하여 하만이 높이가 오십 규빗 되는 나무를 준비하였는데 이제 그 나무가 하만의 집에 섰나이다 왕이 이르되 하만을 그 나무에 달라 하매 모르드개를 매달려고 한 나무에 하만을 다니 왕의 노가 그치니라

우리는
넉넉히 이긴다

드디어 승리를 만끽하다

최고 권력자 하만의 음모로 절체절명의 위기에 빠져 있던 이스라
엘 민족이 왕후 에스더의 기도와 지혜로 드디어 위기를 벗어나 구원
을 얻게 되었다.

왕을 모신 내시 중에 하르보나가 왕에게 아뢰되 왕을 위하여 충성된 말로
고발한 모르드개를 달고자 하여 하만이 높이가 오십 규빗 되는 나무를 준비
하였는데 이제 그 나무가 하만의 집에 섰나이다 왕이 이르되 하만을 그 나
무에 달라 하매 모르드개를 매달려고 한 나무에 하만을 다니 왕의 노가 그
치니라 에 7:9,10

팽팽했던 긴장감이 한순간에 해소되는 해피엔딩이다. 에스더서가 10장으로 이루어져 있긴 하지만, 큰 스토리 상으로는 7장에서 끝난다. 여기에서 드디어 그동안 맘 졸이던 에스더와 모르드개가 승리의 기쁨을 만끽한다.

우리가 넉넉히 이긴다!
에스더와 모르드개의 감격적인 승리를 묵상하다보니 로마서의 이 말씀이 떠올랐다.

> 그러나 이 모든 일에 우리를 사랑하시는 이로 말미암아 우리가 넉넉히 이기
> 느니라 롬 8:37

우리가 사는 오늘 이 시대도 하만처럼 악한 세력이 곳곳에서 우리와 우리의 가정과 자녀를 공격하여 혼미하게 만드는 무서운 시대이다. 그렇기 때문에 우리 내면에 이 말씀을 반드시 새겨두어야 한다. "우리가 넉넉히 이기느니라!"
이 확신을 가지고 담대히 살아가는 것이 신앙생활이다. 그런데 로마서 8장 37절 말씀은 반전을 나타내는 '그러나'로 시작한다. 이것이 무엇을 의미할까? 바로 앞 절을 보자.

> 누가 우리를 그리스도의 사랑에서 끊으리요 환난이나 곤고나 박해나 기근

이 세상의 누구라고 환난이나 곤고나 박해나 기근이나 적신이나 위험이나 칼 같은 고난 한 번 없이 이 땅을 평안하게만 살아갈 수 있겠는가? 한 치 앞을 알 수 없는 불안한 세상 속에서 너 나 할 것 없이 모두가 마음이 아프고, 상하고, 무너지고, 낙심한다. 그것이 우리네 삶이다.

그런데 이토록 불안한 이 땅을 살아가는 우리 중에 누군가는 놀라운 하나님의 대반전인 '그러나'가 있는 인생을 살아가는 한편, 또 다른 누군가는 '그러나'가 없는 인생을 살아간다. 시종일관 불안하고 두렵다. 염려와 낙심을 오가며 좌절하다가 끝나버린다. 얼마나 허망한 인생인가? 우리 모두에게 로마서 8장 37절의 대반전 '그러나'가 있기를 바란다.

더 중요한 것은 혼미한 세상살이 가운데 대반전의 '그러나'를 준비해주시기 위해 예수 그리스도께서 십자가에 달려 죽으셨다는 복음의 감격이 우리 안에 넘쳐야 한다는 것이다. 그럴 때 작동되는 것이 '그러나'의 대반전이다.

우리는 우리 힘이 아니라 예수 그리스도로 말미암아 넉넉히 이긴다. 사실 "우리가 넉넉히 이긴다"라고만 외치면 세상에서 외치는 소리들과 크게 다를 바가 없다. 우리는 우리를 사랑하시는 이, 곧 주 예수 그리스도로 말미암아 넉넉히 이긴다. 이것이 기독교만의 독특성이다. 에스더가 결국 승리했던 것처럼 우리도 이 확신을 가지고 살아갈 때 승리를 맛보아 경험하는 주님의 자녀가 되기를 바란다.

영적 아말렉을 지워버려라

그렇다면 우리가 이러한 확신을 가지고 에스더처럼 승리하기 위해서는 어떻게 해야 하는지에 대해 생각해보자.

첫째, 승리의 삶을 살기 위해서는 작은 죄도 간과하지 않는 민감한 태도가 필요하다. 에스더서가 겉으로 보기에는 '하나님'이란 단어도 안 나오고, 모르드개가 권력자 하만에게 절하지 않은 것 때문에 괘씸죄에 걸려 이스라엘 민족이 위기에 처한다는 이야기의 구조를 가지고 있지만, 영적으로 깊이 들어가보면 보다 더 깊은 의미가 담겨 있다.

> 그 후에 아하수에로 왕이 아각 사람 함므다다의 아들 하만의 지위를 높이 올려 함께 있는 모든 대신 위에 두니 에 3:1

성경은 새로운 권력자 하만을 소개하면서 '아각 사람'이라는 것을 기록하고 있다. 이것이 무엇을 의미할까? 사무엘상 15장에 보면 아각이 아말렉의 왕으로 나와 있다. 아말렉은 이스라엘과 끊임없이 전쟁을 벌이는 원수 나라이다. 하만이 그 원수 나라 왕의 자손이라는 것이다. 출애굽기에서 하나님은 이렇게 말씀하셨다.

이르되 여호와께서 맹세하시기를 여호와가 아말렉과 더불어 대대로 싸우리라 하셨다 하였더라 출 17:16

그래서 신명기 25장에서 가나안으로 들어가는 출애굽 2세대들을 향해 이렇게 명령하신다.

그러므로 네 하나님 여호와께서 네게 기업으로 주어 차지하게 하시는 땅에서 네 하나님 여호와께서 사방에 있는 모든 적군으로부터 네게 안식을 주실 때에 너는 천하에서 아말렉에 대한 기억을 지워버리라 신 25:19

오늘날 우리의 영적 아말렉은 무엇인가? 세상 가치관이다. 신앙인들의 자녀 교육이 이토록 어려운 이유는 도도하게 흘러가는 세상 가치관이 너무나 큰 갈등을 일으키기 때문이다. 자녀에게 "너 그렇게 살면 안 된다"라고 권면하면 아이의 입에서는 바로 "아빠, 요즘 애들 다 그래요"라는 말이 반사적으로 튀어나온다. 우리가 하나님 앞에서 영적 아말렉인 이 세상 가치관을 기억에서 지워버려야 하는 까닭이다.

겉모양만 그럴듯한 순종

사무엘상 15장에 보면, 아말렉과의 전투가 벌어지는데 그때도 하나님은 같은 명령을 하신다.

지금 가서 아말렉을 쳐서 그들에 모든 소유를 남기지 말고 진멸하되 남녀와 소아와 젖 먹는 아이와 우양과 낙타와 나귀를 죽이라 하셨나이다 하니 삼상 15:3

아말렉의 어떤 것도 살려두지 말고 진멸하라는 명령이다. 그런데 당시 지도자 사울 왕은 어떤 조치를 취했는가?

사울과 백성이 아각과 그의 양과 소의 가장 좋은 것 또는 기름진 것과 어린 양과 모든 좋은 것을 남기고 진멸하기를 즐겨 아니하고 가치 없고 하찮은 것은 진멸하니라 삼상 15:9

사울은 좋은 것은 남겨두고 가치 없고 하찮은 것만 진멸했다. 사울의 이런 모습이 어쩌면 완전히 불순종하고 아예 옆길로 새나가는 것보다 더 위험할지 모른다. 같은 맥락에서 볼 때 아예 타락하고 변질해서 엉뚱한 길로 나가는 목회자보다 겉으로 보기엔 너무나 멀쩡하고 신실해 보이지만 그 내면에 죄를 감추고 사는 목회자가 더 위험할지도 모른다는 생각이 들었다.

사울을 보라. 모양새는 다 갖추었다. 순종하는 것 같다. 그러나 안으로 들어가보면 자기가 원하는 것은 남겨놓고 별로 중요하지 않은 것, 가치 없는 것만 진멸하면서 순종의 시늉만 하고 있다. 그래놓고 순종한다고 생각하는 것이다. 얼마나 위험한 일인가?

이런 면에서, 주일날 아예 교회 안 나오고 골프장 돌아다니고 놀러 다니는 분들보다 예배당에 나와 앉아 있으면서도 그 마음은 불순종의 자리에 가 있는 분들이 더 위험하다. 골프장에 가 있는 분들은 골프공으로 한 대 얻어맞으면 돌아온다. 실제로 우리 교회에 주일날 골프장 돌아다니다 골프채에 얻어맞고 정신 차려 돌아와 장로까지 되신 분이 있다. 그 분이 지금은 얼마나 신실하게 주님을 예배하는지 모른다.

그런데 너무나 많은 성도들이 사울 왕과 같은 모습을 하고 멀쩡하게 예배당 안에 앉아 있다. 사실은 자기 하고 싶은 것 다하고 마음대로 살면서 겉으로는 굉장한 순종의 모양새를 갖춘 채 살아가고 있는 것이다. 참으로 부끄럽고 위험한 모습이다.

작은 결함이 전체를 폭발시킨다

그런데 사울은 왜 이런 짓을 저질렀을까? 그래도 명색이 하나님께 선택받은 이스라엘의 왕인데 왜 온전히 순종하지 못하고 자기가 원하는 것들은 살려두고 별로 중요하지 않은 것들만 진멸하는 불순종을 저지르게 됐을까? 대답은 간단하다. 사소하게 여겼기 때문이다.

'이 정도 쯤이야 괜찮지. 내가 더 큰 부분에서 순종하는데 뭐!'

1986년 1월 28일, 전 세계 사람들의 이목을 집중시킨 사건이 벌어졌다. 미국 케이프커네버럴 기지에서 발사된 유인 우주왕복선 챌린저호가 발사된 지 1분 13초 만에 폭발하고 말았다. 모든 사람들이 공포와 경악에 휩싸였다. 그런데 진짜 경악할 일은 나중에 밝혀졌다. 미국항공우주국 나사(NASA)에서 폭발 원인을 조사해보니, 로켓 추진기들 사이에 끼워져 있던 작은 고무패킹의 부실 때문이었다. 세계 최고의 기술이 집합되어 있던 우주왕복선이 조그마한 패킹 결함 하나로 폭발해버린 것이다.

이것이 세상의 이치이며, 또한 영적인 원리이다. 사울이 '이 정도쯤이야' 했던 사소한 패킹의 결함과도 같았던 작은 불순종이 결국 그 인생을 폭발로 끌고 갈 줄은 자기 자신도 미처 몰랐을 것이다. 그렇기 때문에 우리가 진정한 승리를 맛보기 위해서는 작은 죄조차 간과하지 말고 민감하게 반응해야 한다. 작고 사소한 영적 패킹 결함 하나가 영적인 우주선을 폭발시키는 무서운 파괴력을 가져온다는 것을 늘 기억해야 한다.

내가 '여 성도님들과는 식사도 같이 안 한다, 악수도 안 한다, 차도 같이 안 탄다' 하면서 호들갑을 떠는 이유가 바로 여기에 있다. 작은 방심이 얼마나 무서운 결과를 가져오는지 잘 알기 때문이다. 언젠가 여성 순장님들이 모인 자리에서 이런 이야기를 했더니 한 순장님이 이렇게 대꾸하셨다.

"목사님, 우리도 눈 높습니다."

그 대꾸 앞에 모두가 함께 박장대소하며 웃었다. 사실 그 순장님의 말이 맞다. 여자 성도님들에 대해 그렇게까지 선을 안 그어도 큰일 안 난다. 밥 한 번 같이 먹는다고 무슨 문제가 생기겠는가? 그러나 그렇게 조심하지 않으면 작은 방심 하나가 나를 무너뜨릴 수도 있다는 긴장감을 가지고 목회를 해야 한다. 하나님께서는 그런 긴장감을 원하신다. 그래서 조심하고 또 조심하는 것이다.

우리는 이 사실을 반드시 기억해야 한다. 우리가 소홀히 여기는 작은 죄 하나가, 영적인 작은 패킹의 결함 하나가 우리와 우리 자녀를 망하는 길로 이끌어갈 수 있다는 사실 말이다. 작은 죄도 간과하지 않고 민감하게 여길 때 승리의 삶을 누릴 수 있다.

다스리려는 욕구를 다스려라

둘째, 우리가 에스더처럼 승리의 삶을 누리기 위해서는 '제어 욕구'라는 본능과 싸워야 한다. 제어 욕구란 모든 것을 자신이 컨트롤하고자 하는 인간의 죄성이라고 정의할 수 있다.

에스더서를 제어 욕구라는 관점에서 한번 살펴보자. 먼저 아하수에로 왕과 하만의 공통점이 무엇인가? 둘 다 모든 것을 자기가 주도하고 자기 마음대로 하고자 하는 제어 욕구로 충만했다. 그런가 하면 아하수에로 왕과 하만의 또 다른 공통점은 분노를 꼽을 수 있다. 제어 욕구와 분노는 꼭 쌍둥이처럼 함께 다닌다. 제어 욕구로 제대로 실현되지 않을 때 거기에서 감당하기 어려운 분노가 분출되는 것이다.

아하수에로 왕은 왕후 와스디를 자기 마음대로 제어할 수 없자 그녀를 폐위시켜버린다. 하만은 최고 권력의 자리에서 모든 사람을 컨트롤할 수 있었는데 모르드개만은 자기 마음대로 되지 않자 그 민족을 말살시켜버리겠다고 결심한다. 둘 다 제어 욕구가 충족되지 않았기 때문에 분출된 분노이다.

에덴동산에서 사탄이 아담과 하와를 유혹할 때도 "너희가 그것을 먹는 날에는 너희 눈이 밝아져 하나님과 같이 되어 선악을 알 줄 하나님이 아심이니라"(창 3:5)라고 하며, 인간의 제어 욕구라는 죄성을 자극했다. 그 결과 어떻게 되었는가? 오늘날 이 시대 가정에서 벌어지는 수많은 비극들의 가장 큰 원인이 서로를 통제하려고 드는 제어 욕구의 본능 때문이 아닌가? 하나님은 서로가 서로에게 가장 좋은 짝으로 돕는 배필을 만나게 하셔서 가정을 이루어주셨는데, 제어 욕구라는 죄성이 들어오자 서로를 돕는 것이 아니라 서로를 통제하려고 드는 것이다.

지금은 안 그렇지만 내가 결혼할 무렵만 해도 남자들 사이에서 누가 결혼한다고 하면 종종 이런 충고를 해주곤 했다.

"여자는 초반에 잡아야 해. 신혼여행 가서 못 잡으면 평생 못 잡는다."

좀 과격한 사람들은 "밥상 한 번 차고 휘어잡아야 한다"고 말하기도 했다. 얼마나 가슴 아픈 충고인가? 서로를 가장 뜨겁게 사랑하고 섬기고 위해주어야 할 신혼 때 제어 욕구를 휘두르며 휘어잡아야 한다고 하니 말이다. 시어머니와 며느리 사이에 생기는 고부 갈등도 따지고 보면 상대방을 자기 마음대로 하려는 제어 욕구 때문이다. 가정 안에서 십자가 정신으로 서로를 섬겨주고, 서로의 약점을 긍휼의 눈으로 보듬어 안아주어야 하는데, 이 은혜의 구조가 깨어지고 그 자리에 제어 욕구의 본능이 자리를 꿰차고 있으니 서로를 장악하려고 으르렁대는 것이다.

요즘은 결혼 주례를 부탁하러 오는 신랑 신부에게 이런 조언을 해준다.

"신혼 때 확 잡겠다느니 하는 허황된 생각은 하지도 마. 그냥 처음부터 잡혀 살아!"

제어 욕구의 본능이 다스려져야 가정이 행복하다. 자녀들과의 관계도 마찬가지이다. 물론 아직 판단이 미숙하고 보호가 필요한 미성년자이니 잘 지도하고 바른 길로 가도록 다스릴 의무가 있지만, 그것이 과해져서 제어 본능으로 나타나면 자녀를 망치게 된다.

요즘 신문에 자주 오르내리는 가슴 아픈 기사가 있다. 엄마가 자살하면서 아이들과 동반자살을 한다. 아무리 엄마라고 자녀의 생명을 마음대로 할 권한이 어디 있나? 너무나 무서운 제어 욕구가 드러나는 가슴 아픈 현실이다.

제어 욕구의 부조리

지금 교회들에서 일어나고 있는 대부분의 문제도 제어 욕구의 본능 때문이다. 제어 욕구가 충만한 장로님, 제어 욕구로 가득한 담임 목사님의 헤게모니가 우리를 얼마나 슬프게 하는가? 정말 순수하고 열정적으로 신앙생활을 하다가도 장로가 되고 3년만 지나면 제어 욕구의 본능으로 꿈틀거리는 것이 인간이다. 방심하면 안 된다. 장로님들이 화나고 기분 나쁜 것은 결정이 잘못되었기 때문이 아니다.

"왜 나하고 의논하지 않고 결정해? 왜 내 허락도 없이 일을 진행하는 거야?"

이것은 목회자들도 마찬가지이다. 다스리려 하고 통제하려 하는 무서운 제어 욕구의 본성이 교회를 뒤덮고 있다. 가슴이 찢어지는 일이다. 그래서 나오는 것은 울분밖에 없다.

'김 집사 두고 보자. 네가 나를 무시해? 내가 한번 손봐줄 거야.'

이것이 바로 아하수에로 왕의 모습이자 하만의 모습이다.

담임목사인 나 역시 마찬가지이다. 사실 교회에서 가장 위험한 자리가 담임목사의 자리이다. 3년만 지나면 변질될 조짐이 보이는데, 나는 벌써 12년째 담임목사로 사역하고 있다. 그러니 얼마나 위험하겠는가? 그래서 나는 당회 시간에 장로님들께 공개적으로 이런 부탁을 드리곤 한다.

"장로님들, 저를 견제해주시고 통제해주세요. 제가 잘못할 때 나단 선지자가 다윗을 책망하듯이 지적해주세요. 만약에 여러분이 그렇게 하지 않으시면 만천하가 보는 앞에서 망신당하는 일을 겪을지 모릅니다. 꼭 부탁드립니다."

하나님이 아시겠지만 이 부탁은 정말 진심이다. 내가 살고, 우리 교회가 살고, 우리가 함께 마지막 승리를 누리기 위해서는 내 속에 자리 잡고 있는 '제어 욕구'가 통제당해야 한다. 우리가 변질되지 않기 위해서는 자꾸 내려놓고, 물려주고, 힘으로부터 벗어나기 위해 끊임없이 몸부림쳐야 하는 것이다.

지금 우리 교회에서는 미자립교회의 열 교회를 선정하여 담임목사님들께 2년간 매월 250만 원의 생활비를 지원하는 일을 하고 있다. 우리 교회가 생활비를 지원해드릴 테니 마음껏 복음 전하는 일만 하시라는 것이다. 미자립 교회 목사님이라면 이것이 얼마나 큰 도움이 되겠는가? 그래서 가끔 지인 목사님들에게서 연락이 올 때가 있다. 그러나 아쉽게도 나에게는 어떤 결정권도 없다. 내가 할 수 있는 것이라고는 서류를 받아서 담당자에게 인수인계하는 것밖에 없다.

후원 선교사를 결정하는 일도 마찬가지다. 심지어 친누나의 아들, 그러니까 조카가 일본 선교사인데도 단 한 푼도 후원하지 못한다. 담임목사라고 내 마음대로 지원을 결정할 수 없기 때문이다. 인간적으로는 누나에게 미안하다. 아무 상관없는 교회도 돕고 후원하는데, 정작 큰 교회를 목회하는 동생이 한 푼도 후원해줄 수 없으니 말이다. 그러나 나는 이것이 옳다고 생각한다. 아무 상관없는 교회는 후원하고 도와야 한다. 그러나 상관있는 곳은 도우면 안 된다. 언제라도 변질될 위험이 있는 연약한 인간이기에 조심하고 또 조심해야 하는 것이다.

기독교 심리학자인 폴 트루니에(Paul Tounier)는 인간의 삶을 크게 유아기, 청년기, 장년기 세 부분으로 나누면서 이렇게 말했다.

"인간의 삶을 크게 세 부분으로 나눈다고 하면 유아기나 소년기에 우리가 가지는 가장 커다란 열망은 아마도 소유의 열망일 것이며, 청년기의 열망은 경험의 열망입니다. 그러나 장년기의 열망은 마땅히 인격의 열망이 되어야 합니다."

시간이 흐를수록 내가 가지려는 욕구는 줄어야 한다. 내가 장악하려는 욕구가 낮아져야 한다. 날마다 내 안에서 꿈틀거리는 제어 욕구를 다스리지 않고는 결코 성숙한 신앙인이 될 수 없다.

내 자리나 잘 지키자

셋째, 우리가 진정한 승리를 누리는 삶을 살기 위해서는 '탐심'의 위험성을 늘 인식해야 한다. 제어 욕구가 타인을 지배하려는 외적인 양상이라면 탐심은 그것을 유발시키는 보다 근본적인 내면의 문제이다. 다음 구절을 보자.

> 여자가 그 나무를 본즉 먹음직도 하고 보암직도 하고 지혜롭게 할 만큼 탐스럽기도 한 나무인지라 창 3:6

하나님이 금하신 것을 왜 기웃거리는가? 뭐하러 그것을 쳐다보면서 먹음직스럽고 보암직도 하다고 주변을 맴도는가 말이다. 하와가 하나님이 금하신 선악과를 따먹은 것부터 죄가 시작된 것이 아니라 바로 여기가 죄의 시작이다.

자기 분수 이상의 것을 넘보는 태도가 탐심이다. 내가 먹을 수 없고 하나님이 먹지 말라고 하신 것이면 넘보지 말아야 한다. 자기 분수를 지키면서 자기 자리, 자기 영역을 이탈하지 않으면 사탄의 유혹도 없다. 기웃거리지 말고 자족하면서 하나님이 내게 맡겨주신 사명을 잘 감당하는 것, 이것이 승리의 비결이다. 야고보서에 이런 말씀이 있다.

> 너희 중에 싸움이 어디로부터 다툼이 어디로부터 나느냐 너희 지체 중에서 싸우는 정욕으로부터 나는 것이 아니냐 약 4:1

영어성경 ISV를 보니 이 단어를 'selfish desire'(이기적인 욕망)라고 번역했다. 다툼이 어디서 나온다는 것인가? 이기적인 욕망, 즉 자기 자리 이상의 것을 탐내는 것에서 나온다는 것이다.

미국 일리노이대학교 심리학과의 에드 디너(Ed Diener) 교수는 사람이 행복해지기 위한 두 가지 방법이 있다고 하면서 이렇게 말했다.

"첫째는 가진 것을 늘려가는 방법이다. 그리고 더 중요한 둘째는 원하는 것을 줄이는 방법이다."

우리 교회에서는 교인들을 대상으로 '전세금 안 올리기 운동'을 2,3년 전부터 하고 있다. 조금 여유가 있다면 전세금을 올리지 말자는 것이다. 돈이 없는 사람에게는 전세금 500만 원, 1천만 원 올라가는 것이 두려움이고 절망이다. 그러니 굳이 전세금을 안 올려도 큰 문제가 없다면, 전세금을 안 올리는 게 행복의 비결 중 하나가 아니겠는가?

이제 앞으로는 '유산 안 남기기 운동'이나 '아파트 평수 줄이기 운동' 같은 것도 실행해보려고 한다. '무엇을 더 가질까, 무엇을 더 키울까'를 고민하는 데서 이제 '무엇을 더 줄일 수 있을까'를 고민해보면 좋겠다. 이것이 욕구로부터 자유로워지는 길이기 때문이다.

멀리 보고 믿어라!

넷째, 우리가 승리의 삶을 누리기 위해서는 승리에 대한 확신의 회복이 필요하다. 현실은 비록 환난과 곤고와 박해와 기근과 적신과 위험과 칼로 둘러싸여 있을지라도, 그래서 마음이 힘들고 무너질지라도 우리 안에 흔들림 없는 확신이 있어야 한다. "우리가 넉넉히 이기느니라"가 자리 잡고 있어야 한다.

매년 수능이 끝나면 수험생 자녀를 둔 가정마다 한숨과 눈물이 넘쳐난다. "우리 애가 시험을 망쳤어요, 대학에 떨어졌어요" 하면서 속상해한다. 당장 눈에 보이는 실패가 커 보여 좌절하고 낙심의 눈물을 흘린다. 그러나 그런 상황에서라도 우리에게는 이런 확신이 필요하다.

"비록 지금은 실패의 눈물을 흘리지만, 이 아이가 하나님의 사람인데 어떻게 잘못될 수 있겠어? 이 아이는 반드시 잘될 수밖에 없는 하나님의 아이야!"

멀리 봐야 한다. 시험을 잘 못 볼 수도 있고, 점수가 안 나올 수도 있다. 재수를 할 수도 있고, 삼수를 할 수도 있다. 그러나 우리에게는 '그러나'의 대반전에 대한 확신이 있어야 한다. 이 확신으로 무장될 때 우리 가정이 흔들리지 않는 승리의 삶을 누릴 수 있다. 두렵지만, 현실이 막막하지만 이겨나갈 수 있는 것이다.

에스더서가 전해졌을 당시, 이 책의 메시지를 받았던 독자들은 제3차 포로 귀환에도 고국으로 돌아가지 못했던 디아스포라 유대인들이었다. 상황은 비참하다. 포로로 끌려와 조국으로 돌아가지 못하는 현실을 보니 가슴이 무너진다.

'하나님은 정말 살아 계시는가? 하나님이 계시다면 왜 이렇게 하시는 것일까?'

이런 낙심 중에 있던 이들에게 에스더의 승리의 소식이 얼마나 큰 위로가 되었겠는가? 마찬가지로 지금의 현실 속에서 환난으로, 고난으로, 곤고로 마음이 무너지는 분들은 다시 한번 하나님의 일하심을 확신하기 바란다. 그래서 승리의 확신을 받아 누리게 되기를 바란다.

절망적인 상황 중에 승리했던 에스더처럼 우리의 삶에도 '그러나'의 대반전이 기다리고 있다. 우리를 위해 일하시는 하나님을 기대하라!

모르드개가 이 일을 기록하고 아하수에로 왕의 각 지방에 있는 모든 유다인에게 원근을 막론하고 글을 보내어 이르기를 한 규례를 세워 해마다 아달월 십사일과 십오일을 지키라 이 달 이 날에 유다인들이 대적에게서 벗어나서 평안함을 얻어 슬픔이 변하여 기쁨이 되고 애통이 변하여 길한 날이 되었으니 이 두 날을 지켜 잔치를 베풀고 즐기며 서로 예물을 주며 가난한 자를 구제하라 하매 유다인이 자기들이 이미 시작한 대로 또한 모르드개가 보낸 글대로 계속하여 행하였으니 곧 아각 사람 함므다다의 아들 모든 유다인의 대적 하만이 유다인을 진멸하기를 꾀하고 부르 곧 제비를 뽑아 그들을 죽이고 멸하려 하였으나 에스더가 왕 앞에 나아감으로 말미암아 왕이 조서를 내려 하만이 유다인을 해하려던 악한 꾀를 그의 머리에 돌려보내어 하만과 그의 여러 아들을 나무에 달게 하였으므로 무리가 부르의 이름을 따라 이 두 날을 부림이라 하고 유다인이 이 글의 모든 말과 이 일에 보고 당한 것으로 말미암아 뜻을 정하고 자기들과 자손과 자기들과 화합한 자들이 해마다 그 기록하고 정해 놓은 때 이 두 날을 이어서 지켜 폐하지 아니하기로 작정하고 각 지방, 각 읍, 각 집에서 대대로 이 두 날을 기념하여 지키되 이 부림일을 유다인 중에서 폐하지 않게 하고 그들의 후손들이 계속해서 기념하게 하였더라

234

chapter

12

진정한 잔치가
시작되다

두 개의 화분

언젠가 우리 교회로 화분 두 개가 배달되었다. 그런데 화분을 보내신 분이 독실한 불교신자였다. 놀라운 마음에 사연을 알아보니, 비록 종교는 다르지만 분당우리교회가 하고 있는 복지 사역에 감동을 받아서 감사하는 마음으로 보내주신 것이었다. 참 감격스럽기도 하고 묘한 일이었다. 이 일이 내게 의미가 있고 감격이 되었던 또 하나의 이유는 처음 교회를 개척할 때부터 가지고 있던 마음의 소원 때문이었다.

'주님, 분당우리교회가 예수님을 믿는 사람들에게 칭찬 듣는 교회가 되는 것도 중요하지만 믿지 않는 세상 사람들에게도 칭찬 듣는 교회가 되기 원합니다.'

이렇게 기도해왔는데 하나님께서 그 마음에 위로를 주시는 것 같아서 참 기뻤다.

최근에 기뻤던 일이 또 하나 있었다. 우리 교회 교육관 9층에 마련한 중증장애인들을 위한 주간보호센터의 개소식이 열린 것이다. 35세 이상 중장년만을 위한 장애인 주간보호센터로는 우리나라 최초라는 이야기를 들었다. 정말 감격스러웠다. 분당우리교회가 이런 일에 쓰임 받을 수 있는 것이 참 감사했다.

특히 개소식이 있던 날, 우리 교회가 섬기는 한마음복지관에 소속되어 있는 지적장애인 청소년들이 특송을 불렀는데 자꾸 울컥울컥 눈물이 났다. 옆에 있던 한마음복지관 관장님이 "목사님, 쟤들 저 두 곡을 부르기 위해 일 년을 연습했습니다"라고 설명해주었다. 이 말이 참 많은 생각을 하게 했다. 수고한 선생님들, 부모님들, 아이들의 표정 하나하나가 천사 같았다. 그 모습을 보고 있으니 그날 설교하기로 했던 본문 말씀이 머리에서 맴돌았다.

즐거워하는 자들과 함께 즐거워하고 우는 자들과 함께 울라 롬 12:15

이 말씀은 분당우리교회를 개척할 때부터 내세우던 구호이기도 하다. 이 정신을 살리기 위해서는 어떻게 해야 하는가? 바로 다음 절을 보자.

서로 마음을 같이하며 높은 데 마음을 두지 말고 도리어 낮은 데 처하며 스스로 지혜 있는 체하지 말라 롬 12:16

우리가 진정으로 함께 울고 함께 웃는 교회가 되기 위해서는 절대 교만하거나 스스로 잘난 체하거나 높은 데 마음을 두어서는 안 된다. 나는 우리 교회가, 한국의 교회가 겸손히 이웃들을 잘 섬기는 교회가 되기를 원한다. 잘난 척하거나 똑똑한 척하지 말고, 함께 울고 함께 웃는 교회, 조용하지만 당당한 발걸음을 이어가는 은혜가 있는 교회가 되길 바란다.

두 가지 잔치

에스더서 9장은 부림절을 배경으로 한다. 드디어 위기에서 벗어나 승리의 기쁨을 만끽할 수 있었던 이스라엘 민족은 잔치로 그 기쁨을 표현하고 있다. 한 가지 특징은, 유난스러울 만큼 '잔치'란 표현이 반복되고 있다는 것이다.

아달월 십삼일에 그 일을 행하였고 십사일에 쉬며 그날에 잔치를 베풀어 즐겼고 수산에 사는 유다인들은 십삼일과 십사일에 모였고 십오일에 쉬며 이 날에 잔치를 베풀어 즐긴지라 그러므로 시골의 유다인 곧 성이 없는 고을고을에 사는 자들이 아달월 십사일을 명절로 삼아 잔치를 베풀고 즐기며 서로 예물을 주더라 에 9:17-19

1장부터 잔치 이야기로 시작하더니, 마무리를 지을 때에도 온통 잔치 이야기이다. 이것으로 에스더서에서 '잔치'라는 콘셉트로 전하시고자 하는 하나님의 메시지가 더욱 분명해진다. 세상에는 두 종류의 잔치가 있다는 것이다. 하나는 1장에서 언급된 아하수에로 왕이 배설하는 인간의 잔치, 다른 하나는 9장에서 볼 수 있는 하나님이 주도하시는 하나님의 잔치이다.

인간이 주도하는 잔치는 일단 화려하다. 매력적이다. 사람이 끌릴 만하다. 문제는 화려하게 시작한 잔치이지만 그 끝이 울분과 분노로 맺어질 수밖에 없다는 것이다. 아무리 산해진미가 펼쳐지고 화려한 보석으로 치장했다 해도 그 속에 울분과 분노만 있고 기쁨과 평강은 없다면 무슨 소용인가? 이것이 인간이 배설하는 잔치의 특징이다.

이에 반해, 하나님이 주도하시는 잔치에는 이런 화려함이 없다. 그러나 하나님의 잔치에는 내면에 흐르는 기쁨이 있다.

이 달 이날에 유다인들이 대적에게서 벗어나서 평안함을 얻어 슬픔이 변하여 기쁨이 되고 애통이 변하여 길한 날이 되었으니 이 두 날을 지켜 잔치를 베풀고 즐기며 서로 예물을 주며 가난한 자를 구제하라 하매 에 9:22

최고 권력자 왕이 배설하는 잔치처럼 화려한 보석으로 치장하지는 않았지만, 하나님께서 위기를 만난 자신들을 구원해주신 은혜에 대한 감격으로 기쁜 것이 하나님이 주도하시는 잔치의 특징이다.

우리 인간은 참으로 미련해서 내버려두면 우리 앞에 있는 두 잔치, 즉 인간이 주도하는 잔치와 하나님이 주도하시는 잔치 중에서 겉보기에 화려한 인간이 주도하는 잔치로 마음이 기운다. 그래서 하나님은 에스더서를 통해, 인간이 주도하는 잔치는 화려해 보이지만 상처밖에 없음을 가르치고 계신 것이다.

예전에 가수였다가 지금은 목사님이 되신 이종용 목사님이 자신의 히트곡과 동일한 제목의 《난 참 바보처럼 살았군요》라는 책을 쓰셨다. 그 분은 왜 자신이 지나온 인생을 '바보처럼 살았다'고 평하는가? 화려한 연예계에서 인기를 누리는 것에 자기 인생을 걸고 그 화려한 인간의 잔치를 누렸더니, 거기엔 공허와 허무와 상처밖에 없더라는 것이다. 인간의 잔치 자리에서 하나님이 주도하시는 은혜의 잔치로 옮겨가서 자신의 지난날을 돌아보니, '난 참 바보처럼 살았군요'라고 말할 수밖에 없다는 것이다.

이런 맥락에서 우리가 추구해야 하는 것은 화려한 보석으로 치장한 잔치에서 산해진미를 먹어서 기쁜 것이 아니라 나를 살피시고 구원하신 예수 그리스도와 그분의 십자가 은혜로 말미암아 기쁨과 감격이 넘치는 잔치여야 한다. 그것이 우리의 삶의 특징이 되어야 한다.

하나님의 잔치에 흐르는 내면의 기쁨을 충분히 맛보고 흘려보내야 할 교회들이 지금 영적 우울증 상태에 빠진 것 같다. 이 어두운

먹구름을 몰아내기 위해서 먼저 우리가 하나님이 주도하시는 잔치에서 이 은혜를 누려야 한다. 지금 우리의 상황과 여건과 매력과 상관없이 날 구원해주신 하나님의 은혜로 인하여 생기는 내면의 기쁨이 회복되어야 한다. 그리고 이 기쁨을 흘려보내야 한다. 이것이 우리가 해야 할 일이다.

함께의 기쁨을 맛보라

그렇다면 어떻게 하면 내면의 기쁨으로 충만한 진정한 잔치를 누리며 나아갈 수 있을까? 그리고 이것을 어떻게 흘려보내고 확산시킬 수 있을까? 그러자면 먼저 '함께의 기쁨'을 맛보아야 한다.

지금 이스라엘 민족이 즐기고 있는 잔치가 '부림절'이다. 승리의 기쁨을 굳이 잔치로 표현하고 누리고 즐기는 것은 함께 그 기쁨을 나누라는 것이다. 또한 하나님께서는 부림절을 명절로 정해 그 기쁨과 감격이 후대에게도 전해지도록 명령하셨다.

"그 기쁨을 너희들만 누리고 끝내지 말고, 이날을 부림절로 정해서 너희 후대들도 이 구원의 감격과 기쁨을 누릴 수 있게 해라."

이것이 부림절의 정신이다. 이런 측면에서 우리가 지켜야 할 영적 부림절의 세 가지 정신이 있다.

첫째, 위기에 빠진 우리를 구원해주신 하나님의 은혜에 대한 구원의 감격을 회복하는 것이다. 둘째, 그 감격을 혼자만 즐기는 게 아니라 교회 공동체 안에서 함께 나누어야 한다. 우리가 주일에 드리는 예배는 엿새 내내 우울하고 답답한 현실 속에 살던 성도들이 모여서 이 구원의 기쁨을 나누는 영적 잔치가 되어야 한다. 셋째, 교회 안에서 우리끼리만 모여 잔치하는 게 아니라 가난한 이웃을 구제함으로 아름다운 기쁨의 정신을 흘려보내야 한다. 이것이 우리가 구현해야 할 영적 부림절의 정신이다.

부림절을 제정하여 지키라고 명하시는 22절 끝에 보면, 이런 명령이 나온다.

> 가난한 자를 구제하라 하매 에 9:22

이게 웬 뜬금없는 명령인가? 잔치를 벌이고 춤을 추면서 서로 기뻐하는데, 그 기쁨을 너희들끼리만 나누지 말고 가난한 사람을 구제하는 데로 에너지를 쓰라는 것이다. 여기서 발견되는 진리가 하나 있다.

우리에게 기쁜 일이 있을 때 교회 안에 모여 문 걸어 잠그고 우리끼리 떡 해먹고 잔치 벌이면 그것이 바로 변질과 타락으로 연결된다는 것이다. 그래서 우리에게 기쁜 일이 있을 때에는 그 기쁨을 우리가 알지 못하는 누군가, 가난한 이웃에게로 흘려보내야 한다. 그것이 우리의 타락을 막는 특효약이 된다.

명절이 아닌 정신을 지켜라

우리는 이것을 항상 기억하면서 우리 자신을 돌아보고 점검해야 한다. 우리는 죄성을 가진 연약하고 미련한 인생이다. 사실, 부림절을 지키라고 하면 절기로는 잘 지키지만 그 정신을 계속 우리 삶 속에서 구현해내는 것은 어려운 일이다. 아니나 다를까 예수님이 이 땅에 오신 당시에도 유대인들이 명절로서의 부림절은 잘 지키고 있었지만 그 정신은 잃어버리고 말았다. 요한복음 5장을 읽다 보면 굉장히 복잡한 생각을 갖게 만드는 부분을 만나게 된다.

> 그 후에 유대인의 명절이 되어 예수께서 예루살렘에 올라가시니라 예루살렘에 있는 양문 곁에 히브리 말로 베데스다라 하는 못이 있는데 거기 행각 다섯이 있고 그 안에 많은 병자, 맹인, 다리 저는 사람, 혈기 마른 사람들이 누워 [물의 움직임을 기다리니 이는 천사가 가끔 못에 내려와 물을 움직이게 하는데 움직인 후에 먼저 들어가는 자는 어떤 병에 걸렸든지 낫게 됨이러라] 요 5:1-4

이 구절에서 "그 후에 유대인의 명절이 되어"라는 말이 굉장히 의미 있게 다가왔다. 학자에 따라 '유대인의 명절'을 '부림절'이라고 해석하기도 하고 '유월절'이라고 해석하기도 하는데, 유대의 역사 문헌을 연구한 학자들은 대부분 부림절이라고 본다. 어느 명절로 보든지 간에 여기서 중요한 것은 그들이 절기에 합당한 절차는 잘 따랐지만 그 정신은 잃어버렸다는 것이다. 다음 구절에 이 사실이 잘 드러나 있다.

> 거기 서른여덟 해 된 병자가 있더라 예수께서 그 누운 것을 보시고 병이 벌써 오래된 줄 아시고 이르시되 네가 낫고자 하느냐 병자가 대답하되 주여 물이 움직일 때에 나를 못에 넣어주는 사람이 없어 내가 가는 동안에 다른 사람이 먼저 내려가나이다 요 5:5-7

'베데스다 못가'는 형식적으로는 은혜의 못가이다. 사람들은 은혜를 사모하며 그곳에 모여 있다. 그리고 지금은 유대인의 명절이다. 지킬 것은 다 지키는 것 같지만, 실상을 들여다보면 그곳에는 은혜가 아니라 무한 경쟁이 있을 뿐이다. '내가 사느냐 저 사람이 사느냐, 내가 죽느냐 저 사람이 죽느냐'이다. 끝 간 데 없는 경쟁의 공동체로 전락해버린 것이 베데스다 못가의 모습이었다.

이 구절을 읽으면서 가슴이 아프고 또 아팠다. 이것이 오늘날의 교회 모습 같아서 말이다. 우리는 늘 은혜를 이야기하고 감격과 감사를 선포한다. 하지만 수많은 교회와 교회가 서로 사랑하고 협력하고 더불어 잘되는 것에 기뻐하는 모습을 잃어가고 있지는 않은가? 심지어는 예수님께서 38년 동안 병자로 지내온 사람을 고쳐주시는 놀라운 역사를 베푸셨음에도 유대인들이 보인 반응이 어떠했는가?

그러므로 안식일에 이러한 일을 행하신다 하여 유대인들이 예수를 박해하게 된지라 요 5:16

명절, 절기는 잘 지키지만 그 명절이나 절기를 지켜야 하는 근본 정신은 잃어버린 당시 유대인들의 모습이 현대 교회의 아픈 모습이 아니라고 누가 부인할 수 있겠는가?

우리 교회는 기존 신자의 등록을 받지 않는다. 그리고 매 예배 시간마다 그 사실을 한 주도 빼놓지 않고 영상으로 광고한다. 우리 교회는 기존 신자의 등록을 받지 않으니 자신을 더 필요로 하는 교회로 가시라고 말이다.

잘못 들으면 얼마나 기분 나쁜 광고인가? 실제로 항의를 받은 적도 여러 번이다. 그럼에도 왜 이런 이상한 일을 하는가? 왜 이렇게 갈 수밖에 없는가? 오늘날 교회와 교회 간에 경쟁이 붙고, 더군다나 큰 교회로 자꾸 몰려들고 있는 현상을 절대 방치해서는 안 되겠다는 마음 때문이다.

한국 교회가 살아날 수 있는 유일한 비결이 있다면, 이 끔찍한 경쟁 구도인 베데스다 못가의 구도를 깨뜨리는 것이다. 그리고 내가 잘되기를 바라듯, 내 병이 낫기를 원하듯 옆에 있는 병자, 나보다 더 극심하게 고통 받는 38년 된 병자도 고쳐주시기를 바라는 긍휼의 마음이 회복되어야 한다. 여기서부터 교회가 회복될 것을 믿는다.

우리 애들, 그런 애들 아닙니다

나는 빌립보서 1장을 읽을 때면 마음이 아프다. 거기에 신음 같은 사도 바울의 말이 담겨 있기 때문이다.

> 어떤 이들은 투기와 분쟁으로, 어떤 이들은 착한 뜻으로 그리스도를 전파하나니 이들은 내가 복음을 변증하기 위하여 세우심을 받은 줄 알고 사랑으로 하나 그들은 나의 매임에 괴로움을 더하게 할 줄로 생각하여 순수하지 못하게 다툼으로 그리스도를 전파하느니라 빌 1:15-17

겉으로는 다 열심히 예수님을 전한다고 하지만, 속을 들여다보면 어떤 사람은 정말로 예수님을 사랑해서 복음을 전하고, 어떤 사람은 바울을 라이벌로 생각하면서 그를 꺾으려고 열심히 복음을 전한다는 것이다. 이 모습이 유난히 아픔으로 다가오는 것은 이것이 오늘 나의 모습이고 많은 한국 교회의 상한 모습 아닐까 하는 슬픈 의구심 때문이다. 정말 간절히 분당우리교회와 이 땅의 모든 교회들에 빌립보서 1장 16절에 나오는 '이들'만 있고 17절에 나오는 '그들'은 없기를 바란다.

작년 연말에 연예인 연합예배에서 말씀을 전했다. 1년에 한 번씩은 꼭 가서 말씀을 전하는데, 행사가 많은 12월임에도 그 바쁜 연예인들이 200명 넘게 모여 예배를 드렸다. 얼마나 귀한 모습인지 모른다. 그날 말씀을 전하면서 나도 은혜를 많이 받았다.

그러나 사실은 예배 당일보다 설교를 준비하는 과정에서 더 큰 감동과 은혜를 받았다. 그날 설교 중에, 내가 감동을 받았던 크리스천 가수가 부른 노래를 영상으로 보여주려고 준비하는데, 마음에 걸리는 게 있었다.

'연예인 연합예배에도 가수나 탤런트가 여러 명 있을 텐데, 이 가수의 노래만 틀어주면 혹시 비슷한 일을 하는 다른 분들의 마음이 상하지는 않을까?'

자꾸 신경이 쓰였다. 그래서 연예인 연합예배를 섬기고 있는 개그우먼 이성미 집사님에게 전화를 드려서 상황을 설명하며 물었다.

"이 분의 노래만 틀게 되면 다른 가수 분들의 마음이 상하지는 않을까요?"

그랬더니 집사님이 딱 한 마디로 내 말을 잘라버렸다.

"목사님, 우리 애들 그런 애들 아닙니다."

얼마나 민망했는지 모른다. 이런 세상적인 생각을 가지고 전화한 내 모습이 너무 부끄러웠다. 전화를 끊고도 집사님의 그 한 마디가 자꾸 맴돌았다. 그리고 마음에 감동이 되었다.

"우리 애들, 그런 애들 아닙니다."

이성미 집사님이 연예인 연합예배에 참석하는 후배 연예인들을 향해 이렇게 말할 수 있는 근거가 어디 있는가? 바쁜 연말, 오라는 데 많고 스케줄 많은 그들이 시간을 따로 떼어 하나님께 예배하는 데 드리는 사람이라면, 그 은혜를 아는 사람이라면 세상의 경쟁 구도를 뛰어넘은 사람이라는 확신을 갖고 있으리라 믿기 때문이다.

예수님을 믿는 우리 모두에게 이런 확신이 있으면 정말 좋을 것 같다. 적어도 예수 믿는 크리스천들이라면 세상의 극심한 경쟁 논리에 젖어 사는 인생은 아니라고, 하나님의 은혜 법칙 아래서 연약한 이웃을 긍휼히 여길 줄 아는 하나님의 백성이라고 당당하게 선포할 수 있는 확신이 있기를, 또 우리 모두가 그런 삶을 살게 되기를 간절히 바란다. 우리가 이런 확신을 가질 수만 있다면 한국 교회가 진정한 은혜의 공동체로 살아나리라 믿는다.

마음의 기념비를 세워라

부림절의 정신이 살아나기를 원하고 또 그 정신을 유지하기 원한다면 선결해야 할 두 가지 과제가 있다. 첫째는 그 정신을 이어가기 위해 마음의 기념비를 세워야 한다는 것이다. 나에게는 이런 마음의 소원이 있다.

'하나님, 우리가 절기만 지키는 크리스천, 주일이 되면 예배당 나와서 예배만 드리고 가는 크리스천이 아니라 마음에 영적인 부림절을 회복하는 크리스천이 되길 원합니다. 복음으로 인한 구원의 기쁨이 늘 우리 안에 요동치고, 성도들 간에 그 기쁨을 함께 나눌 뿐 아니라 그 은혜의 기쁨을 가난한 이웃을 구제하는 쪽으로 흘려보내는 부림절의 정신이 살아나기를 원합니다.'

그러기 위해서는 우리 마음에 기념비를 세워야 한다. 여호수아서

4장에 보면 에스더서와 비슷하게 기쁨과 감격으로 가득 찬 이스라엘 백성의 모습이 나온다.

그들은 사십 년 동안 광야에서 방황하다 이제 막 요단강을 건너 가나안에 도달했다. 그 감격이 얼마나 크겠는가? 가슴이 터질 것 같았을 것이다. 드디어 젖과 꿀이 흐르는 가나안에 도달했다고 기쁨의 눈물을 흘리고 있는 상황에서, 하나님께서는 이스라엘 백성이 구원받은 기쁨을 노래할 때 부림절을 제정하도록 하신 것과 동일한 명령을 내리신다.

> 그 모든 백성이 요단을 건너가기를 마치매 여호와께서 여호수아에게 말씀하여 이르시되 백성의 각 지파에 한 사람씩 열두 사람을 택하고 그들에게 명령하여 이르기를 요단 가운데 제사장들의 발이 굳게 선 그곳에서 돌 열둘을 택하여 그것을 가져다가 오늘밤 너희가 유숙할 그곳에 두게 하라 하시니라
> 수 4:1-3

또한 그 후에 이어지는 말씀을 보자.

> 이것이 너희 중에 표징이 되리라 후일에 너희의 자손들이 물어 이르되 이 돌들은 무슨 뜻이냐 하거든 그들에게 이르기를 요단 물이 여호와의 언약궤 앞에서 끊어졌나니 곧 언약궤가 요단을 건널 때에 요단 물이 끊어졌으므로 이 돌들이 이스라엘 자손에게 영원히 기념이 되리라 하라 하니라 수 4:6,7

하나님은 왜, 요단을 건너 목적지인 가나안에 도달해 기뻐하는 그들에게 기념비를 세우라고 말씀하셨을까? 지금의 감격을 잊지 말라는 것이다. 그리고 이스라엘 백성이 요단강을 자력으로 건넌 게 아니라 전적인 하나님의 은혜로 건넜다는 사실을 잊지 말라는 것이다.

두 종류의 기념비

사무엘상에는 두 종류의 기념비가 등장한다. 하나는 사무엘상 7장에 나오는 것으로, 사무엘이 블레셋의 침공을 물리친 직후에 하나님의 은혜에 감사하면서 세운 기념비이다.

사무엘이 돌을 취하여 미스바와 센 사이에 세워 이르되 여호와께서 여기까지 우리를 도우셨다 하고 그 이름을 에벤에셀이라 하니라 삼상 7:12

이는 여기까지 인도하신 하나님의 은혜에 감사하는 에벤에셀의 기념비로, 여호수아서 4장에 나오는 기념비와 똑같은 정신으로 세워진 기념비이다.

그런가 하면 또 다른 종류의 기념비가 있다.

사무엘이 사울을 만나려고 아침에 일찍이 일어났더니 어떤 사람이 사무엘에게 말하여 이르되 사울이 갈멜에 이르러 자기를 위하여 기념비를 세우고 아말렉과의 전투에서 승리한 사울이 세운 기념비는 사무엘이 세운 것과는 차원이 다르다. 그는 자기를 위한 기념비를 세웠다. 왜 사울은 자기를 위한 기념비를 세웠을까? 사울이 전투에서 이겼을 때 주변 사람들이 얼마나 칭찬을 했겠는가?

"왕이시여, 대단하시옵니다."

"왕의 전략이 탁월해서 우리가 이겼습니다."

"왕은 성군이시옵니다."

이렇게 자꾸 칭찬이 들리니 사울이 자기를 위한 기념비를 세운 것이다. 혹시 우리도 지금 자신의 기념비를 세우고 있지는 않은가? 심각하게 묻고 싶다.

얼마 전, 우리 교회의 홈페이지 게시판에 나를 위한 기도문 형식의 글 하나가 올라왔다. 문장도 따뜻하고 내용도 따뜻했는데, 나는 그것을 읽으면서 등골이 오싹했다. 그 글 속에 하나님의 경고가 묻어 있었기 때문이다. 글의 내용은 이런 것이었다.

"하나님 아버지의 은혜와 사랑과 칭찬이 이찬수 목사님께 너무너무 달아서 세상의 칭찬이 별 맛이 안 나기를 기도합니다."

이 글을 몇 번이나 다시 읽었는지 모른다. 그러면서 '내가 지금 세상의 칭찬에 타락하고 있는 건 아닌가' 하는 생각이 들었다. 그 고마운 성도님이 나를 사랑해서 이 무서운 충고의 말씀을 주셨다면,

나도 여러분을 사랑하는 마음으로 이 충고의 말씀을 그대로 전해 드리고 싶다.

"우리의 삶 가운데 시시때때로 주시는 하나님 아버지의 은혜와 사랑과 칭찬이 너무너무 달아서 세상의 칭찬이 별 맛이 안 나는 인생이 되기를 바랍니다."

사울의 비극이 무엇인가? 다디단 하나님의 칭찬이 그에게 와 닿지 않으니 자기를 위한 기념비를 세운 것이다. 사울의 기념비, 즉 자기를 위한 기념비는 허무할 뿐이다. 그의 기념비는 허망한 기념비이다. 우리는 어떤 기념비를 세우고 있는지 하나님 앞에서 진지하게 되돌아보아야 한다.

십자가로 마음의 중심을 세워라

둘째로, 우리에게 부림절의 정신이 회복되고 내면의 기쁨이 흐르기 위해서는 십자가로 우리 마음의 중심을 바로 세워야 한다. 최근에 어느 선교회에서 크리스마스에 대한 설문조사를 했는데, 그 결과를 보니 참 씁쓸했다. 그 설문에 이런 질문이 있었다.

"크리스마스 하면 떠오르는 것이 무엇입니까?"

그 질문에 대한 답변 1위가 무엇인지 아는가? '크리스마스 캐럴'로 33퍼센트가 그렇게 응답했다. 2위는 '산타클로스'와 '선물'로 22퍼센트가 그렇게 응답했고, 3위는 '크리스마스 파티'로 21퍼센트가 응답했다. 그 다음으로 4위가 '예수님'이 생각난다는 것인데, 17퍼센트밖에 안 되었다. 이 설문에 이런 질문도 있었다.

"당신에게는 크리스마스가 어떤 의미로 다가옵니까?"

답변 중 1위가 '가족과 연인과 함께 소중한 시간을 갖는 날'이었고, 50퍼센트가 이렇게 대답했다. 2위는 '소외된 이웃을 돕고 섬기는 날'로 24퍼센트가 대답했다. 3위는 '세계적으로 즐기는 축제'로 18퍼센트가 대답했고, 4위가 '예수님의 생일이다'로 8퍼센트가 응답했다고 한다.

오늘날의 성탄절은 앙꼬 없는 찐빵같다. 미국에서는 '크리스마스'(Christmas)라는 말을 거의 사용하지 않는다. 타종교 사람들을 배려한다면서 '크리스마스' 대신에 그냥 '홀리데이'(Holiday) 혹은 '홀리데이 시즌'(Holiday Season)이라고 한다. 내 생각에 미국은 이제 기독교국가가 아니라 기독교 탄압국가인 것 같다. 정말 가슴 아프고도 씁쓸한 일이다.

이런 현실을 보면서 적어도 예수 믿는 하나님의 사람들만큼은 크리스마스의 주인이 예수 그리스도이심을 알고, 크리스마스 하면 제일 먼저 예수님이 떠오르게 되길 바란다. 믿는 자들에게는 크리스마스가 주님의 십자가가 복구되고 세워지는 날이어야 한다.

나는 설문조사의 내용을 보면서 에스더서에 나오는 하만이 매달려 죽은 장대가 생각났다. 에스더서 5장 14절에 보면 하만이 모르드개를 달아 죽이려고 장대를 세우는 장면이 나온다. 그런데 모르드개를 죽이려고 세운 그 장대에 결국은 하만 자신이 매달려 죽게 된다. 앞에서도 말했지만, 에스더서는 하만과 모르드개의 개인적인 감정 싸움을 기록해놓은 게 아니다. 영적으로 보면 구약에서 계속되고 있는 원수 아말렉과의 싸움의 연장인 것이다. 그렇기 때문에 하만은 인간의 악을 상징한다고 할 수 있다. 인간의 악을 상징하는 하만이 장대에 매달렸다. 이런 의미에서 이것은 신약의 십자가를 예표하는 것이기도 하다.

'장대'는 여기 외에도 구약성경 몇 군데에 더 등장한다. 출애굽기 17장을 보자. 여기에서도 이스라엘이 아말렉과 전쟁을 벌이는데, 이스라엘이 아말렉을 무찌른 후에 제단을 쌓는다.

모세가 제단을 쌓고 그 이름을 여호와 닛시라 하고 이르되 여호와께서 맹세하시기를 여호와가 아말렉과 더불어 대대로 싸우리라 하셨다 하였더라

출 17:15,16

여기에 나오는 '닛시'라는 단어의 '닛'은 '장대' 혹은 '깃발'이라는 뜻을 가지고 있다. 고대 전쟁에서 깃발은 군대를 모으는 신호이자 승리의 신호로 여겨졌다. 모세는 그 깃발을 들면서 하나님 군대의 승리를 외치고 있다.

그런가 하면 민수기 21장에도 장대가 나온다. 이스라엘 백성들이 불뱀에 물려 죽어가고 있을 때 하나님께서 그들을 위해 어떤 조치를 취해주신다.

여호와께서 모세에게 이르시되 불뱀을 만들어 장대 위에 매달아라 물린 자마다 그것을 보면 살리라 모세가 놋뱀을 만들어 장대 위에 다니 뱀에게 물린 자가 놋뱀을 쳐다본즉 모두 살더라 민 21:8,9

이 구절에 나오는 '장대'의 원어도 '닛'이다. 여기서 장대가 의미하는 바가 무엇인가? 예수님은 이 놋뱀 사건을 신약으로 끌고 오셔서 이렇게 해석해주신다.

모세가 광야에서 뱀을 든 것같이 인자도 들려야 하리니 이는 그를 믿는 자마다 영생을 얻게 하려 하심이니라 요 3:14,15

이런 맥락에서 볼 때 에스더서 9장에 나오는 장대는 십자가를 상징한다. 하만은 자기의 죄 때문에 장대에 매달려 죽었다. 이 사건을 통해 하나님의 공의, 하나님의 정의가 실현되었다. 신약으로 와서 예수 그리스도가 우리의 죄를 대신해서 장대에 매달리셨다. 주님이 장대에 매달려 돌아가신 일은 하나님의 정의와 하나님의 사랑이 동시에 구현된 사건이다. 우리 내면에 이 십자가가 회복되기를 바란다. 그래서 하나님의 정의와 하나님의 공의를 살리는 인생, 사랑도 살리는 인생이 되길 바란다.

우리 안에 부림절의 정신이 회복되어야 한다. 이를 위해서는 먼저 우리 안에 나와 같은 사람을 구원해주신 감격과 기쁨이 회복되어야 한다. 그리고 그 감격을 자기 안에만 가둬두지 말고 주 예수님 안에서 만나는 형제자매들과 함께 나누어야 한다. 그런가 하면 가난한 자들을 구제하라 명하시는 그 정신을 따라야 한다.

서두에 언급했던 화분 두 개, 그 불교 신자가 보내주신 화분 두 개가 가격으로 환산하면 얼마나 되는지는 모르겠지만, 하나님이 우리에게 상징으로 보내주신 것이라 믿는다. 나는 그 화분을 보내주신 분의 영혼이 구원받게 되기를 기도한다. 그리고 우리 모두에게 영적인 부림절의 정신이 살아나 이 땅을 사는 동안 하나님이 베푸시는 진정한 잔치의 기쁨을 맘껏 누리며 맛보기를 간절히 바란다.

죽으면 죽으리이다

초판 1쇄 발행	2015년 3월 16일
초판 9쇄 발행	2015년 4월 30일

지은이　이찬수

펴낸이　여진구

책임편집　1팀｜이영주, 김수미

편집　2팀｜최지설, 김나연　3팀｜안수경, 유혜림　4팀｜김아진, 김소연

책임디자인　이혜영, 마영애｜전보영, 오순영

기획·홍보　이한민　　　　　　　해외저작권　김나은

마케팅　김상순, 강성민, 허병용, 이기쁨　마케팅지원　최영배, 이명희

제작　조영석, 정도봉　　　　　　경영지원　김혜경, 김경희

이슬비전도학교　최경식, 전우순　　　　303비전성경암송학교　박정숙, 정나영, 정은혜

303비전장학회 & 303비전꿈나무장학회　여운학

펴낸곳　규장

주소　137-893 서울시 서초구 매헌로 16길 20(양재2동) 규장선교센터

전화　02)578-0003　팩스　02)578-7332

이메일　kyujang@kyujang.com　홈페이지　www.kyujang.com

트위터　twitter.com/_kyujang　페이스북　facebook.com/kyujangbook

등록일　1978.8.14. 제1-22

ⓒ 저자와의 협약 아래 인지는 생략되었습니다.

이 출판물은 저작권법에 의해 보호를 받는 저작물이므로 무단 전재와 무단 복제를 할 수 없습니다.

책값　뒤표지에 있습니다.

ISBN　978-89-6097-397-8　03230

규 | 장 | 수 | 칙

1. 기도로 기획하고 기도로 제작한다.
2. 오직 그리스도의 성품을 사모하는 독자가 원하고 필요로 하는 책만을 출판한다.
3. 한 활자 한 문장에 온 정성을 쏟는다.
4. 성실과 정확을 생명으로 삼고 일한다.
5. 긍정적이며 적극적인 신앙과 신행일치에의 안내자의 사명을 다한다.
6. 충고와 조언을 항상 감사로 경청한다.
7. 지상목표는 문서선교에 있다.

하나님을 사랑하는 자 곧 그의 뜻대로 부르심을 입은 자들에게는 모든 것이 合力하여 善을 이루느니라(롬 8:28)